AF617683

ESCRIBIR ES APRENDER A CONTAR HACIA ATRÁS

TÍTULO ORIGINAL: *Idaztea gibelera zenbatzen ikastea da*

La edición de este libro ha recibido una ayuda del Departamento de Cultura y Política Lingüística del Gobierno Vasco.

"La traducción de esta obra ha recibido una ayuda del Ministerio de Cultura de España a través de la Dirección General del Libro, del Cómic y de la Lectura"

1ª EDICIÓN: octubre de 2025

Istillaga, 2, bajo, - 20304 Irun
Tel.: +34 943 63 28 14
alberdania@alberdania.net
www.alberdania.net

Portada: Zuri Negrín

Impreso en Ulzama (Uharte, Navarra)

ISBN: 978-84-9868-944-0
Depósito legal: D-724-2025

ESCRIBIR ES APRENDER A CONTAR HACIA ATRÁS

HASIER LARRETXEA

Traducción de Gerardo Markuleta

ALBERDANIA

ensayo

Habíamos existido antes
y conocimos el dolor;
tan solo nos faltaban las palabras.

Adam Zagajewski

Colorete y quitasueño

Nacho Umbert & La Compañía

MI PADRE lo intentó, os lo juro. Desde que era niño, me llevaba al monte. Con él levanté piedras, corté troncos.

Me provocan especial emoción algunas fotos en las que yo, vestido con pantalones azules de pana y un jersey rojo de algodón, sujeto lo que parece un hacha de juguete. Tengo esa cara que se me pone cuando estoy frente a unos rayos de luz que me impiden momentáneamente la visión. La sonrisa de mi padre, a mi lado, es radiante. Las hachas, el esfuerzo, el deporte, las competiciones, las exhibiciones, los campeonatos y las apuestas de deportes rurales han constituido una parte fundamental de su vida, pero no de la mía.

Era más bien regordete. Además de las capas de grasa que rodean mi cuerpo, me ha acompañado la pereza. Mi padre, mi hermano y yo hemos sido muy buenos comedores; tan inadmisible nos resulta dejar sobre la mesa algún alimento que pueda acabar en la basura, como ver a la gente que no come con fundamento en los restaurantes.

Nos acechan vestigios de épocas de privaciones. Son fantasmas y sombras que nos perseguirán toda la vida, cargas de las que no podremos desprendernos. Las experiencias vitales podrían ayudarnos en nuestro esfuerzo por aliviar todo eso que se nos hacía pesado.

Mi padre no tenía tiempo para llevarme con él a hacer deporte. Durante la semana, eran las lecturas las que llenaban las horas. Veía telenovelas latinoamericanas con mi madre; cuando volvíamos de casa de mi abuela, de ver a las ovejas, merendábamos. En mi infancia no tuve referentes masculinos. Crecí rodeado de mujeres. Mi abuela, mi tía, mi madre. Yo escuchaba sus conversaciones en silencio, mientras mojaba galletas María en el café con leche.

En las clases de Educación Física, siempre me quedaba atrás, y es que, de niño, apenas hacía ejercicio. Sigo siendo gordo. En aquella época, el médico de familia le advirtió a mi madre de que pesaba demasiado, y le recomendó que no me diera de comer más que fruta y verdura. La abuela enseguida le dijo que no le hiciera demasiado caso, que yo estaba bien sano. No sé si los rojos mofletes de mis fotografías son señal de ello.

No hace mucho que he empezado a querer mi cuerpo, a mirarlo en el espejo sin apartar la mirada.

Hasta hace poco, no me atrevía a mirar mi cuerpo desnudo frente al espejo.

No hace mucho que aprendí a querer mi cuerpo tal como es.

Hasta que mi padre, por fin, me dejó tranquilo, no pude decirle que no: un mediodía, hice mi aparición sosteniendo un peso de quince kilos en cada mano, en pantalón corto y camiseta de tirantes. Tuve que recorrer la mayor distancia posible, el domingo de las fiestas del pueblo, como parte del programa de deporte rural. No sentí ninguna emoción ni orgullo, solamente disgusto. Me sentía torpe, sin fuerzas. Seguro que era evidente en mi expresión.

Mi padre fue un excelente portador de *txingas*. No se daba cuenta de que estaba animando, impulsando, a un hijo inmaduro, hacia un deporte con el que solo él soñaba. No podía aceptar lo que veía en mis ojos. No entendía cómo yo podía renunciar a toda la sabiduría que él había acumulado en ese ámbito.

Para entonces, y a pesar de que tendría unos diez años, ya era consciente de que me encontraba ante algo que iba a tener que superar, algo que no iba a poder eludir. Si mi personalidad hubiera sido otra, no habría dado el paso.

Esa forma de ser de la que yo carecía, mi hermano la había manifestado desde muy pequeño. No recuerdo bien si los chavales teníamos opción de evitar ser monaguillos en el pueblo. Mi hermano no se implicó en aquellos quehaceres. Yo, para satisfacer los deseos de mi madre y mi abuela, tuve que hacer algunas cosas que no eran de mi gusto. No fue el caso de mi hermano; el carácter firme y decidido que él mostró desde que era un niño era lo que a mí me faltaba.

Según soplara el viento, yo tendía hacia allí, sin darme cuenta. A eso se le llama también supervivencia. Adaptarse al entorno. Recuerdo algunas experiencias y vivencias que conservo en mi interior, muy alejadas de mi actual cotidianidad. Tan lejanas como íntimas. Mis angustiosos pensamientos del pasado no me han ayudado. Al fin y al cabo, se trataba de un ejercicio ligero e inmaduro para ocultar mis propias carencias. Necesitaba mostrarme, defender y proteger mi entorno y mi bienestar.

Creía que mi fragilidad me había vuelto débil. Pero, en cierto modo, esa misma debilidad me ha hecho fuerte en mi diferencia.

Mi padre no me dedicó el tiempo necesario para practicar deporte. Él no lo sabía. Aquella obligada exhibición ante todo el pueblo me causó una vergüenza infinita. Aquellos metros que no quiero recordar los hice encogido en mí mismo. Recuerdo que me compraron unos pantalones cortos de color verde y una camiseta sin mangas. Mi semblante, serio. Las cadenas de mis miedos profundos.

Confieso que, en la mayor parte de las actuaciones y exhibiciones en las que acompañé a mi padre, me aburría. Los campeonatos, en cambio, los vivíamos con otra emoción. «¡Vamos, Patxi! ¡Ánimo, aita!», le gritábamos. No se achicaba ante el público. Nunca olvidaré la especial habilidad que tenía para ganarse a la gente. Con una pesa de cincuenta kilos en cada mano, convertía aquella tarea en un espectáculo digno de un actor. Cabeceaba, daba algún grito, mostraba las venas del cuello. Esa era la secuencia habitual de su actuación. También mi padre tenía sus bises (como todos nosotros).

El paisaje de mis primeras apariciones infantiles en el ámbito del deporte rural, que recuerdo vagamente, ha cambiado de forma notable, tanto como nosotros. El trofeo me lo entregó Irune, una chica un par de años mayor que yo. Llevaba un lazo blanco. Nos dimos un tímido beso. Probablemente fue la primera vez que nos besamos.

En la gloriosa exuberancia de la juventud, Joseba, hermano de Irune, no pudo hacer frente a las complicaciones de la enfermedad genética de su familia. Solíamos jugar con coches y camiones delante de la casa que habían tenido que abandonar por disputas familiares. Había una roca que había adoptado la forma de una cueva, y allí guardábamos los juguetes hasta el día siguiente.

Hoy en día, no hay en el pueblo ni rastro de la roca ni de esa familia. Durante unos años, Irune prolongó su batalla contra aquella enfermedad crónica, bajo la luz que irradiaba su sonrisa. Tocaba en un grupo de acordeonistas de la zona, repartiendo alegría por pueblos y barrios. La recordaremos con su acordeón. Más de una vez, en los mensajes que compartíamos por Facebook, me pidió que me acercara a las fiestas. Que no me olvidara del pueblo ni de sus habitantes. En el cementerio, me cuesta mantener la mirada en su foto y la de su hermano. La vida es breve y cruel para algunos.

Cada vez que acudo al camposanto, me pregunto por qué razón erigirían una cruz en su parte exterior, en el prado contiguo.

Me da la sensación de que no tenemos en cuenta que la vida es finita.

Aquella aritmética de la fortaleza y el empeño era todo lo que mi padre podía enseñarme. Para él era un sueño de muchos años. Todas sus ilusiones y pasiones se concretaban en dar continuidad al mundo del deporte rural, en prolongar aquella tradición de extraer savia de las raíces. Él, sin embargo, pasaba largas semanas trabajando en bosques perdidos del Pirineo, lejos de la familia.

No nos veíamos más que algunas noches, en esas ocasiones en las que abría la puerta de mi habitación. Muchas veces, al llegar a casa tarde, me encontraba ya acostado, en compañía de un libro. Fue durante aquella época cuando empezaron a romperse los puentes entre nosotros. No sabíamos cómo acercarnos. Éramos satélites demasiado lejanos. De repente, a causa de las batallas internas de mi adolescencia, mi padre se convirtió para mí en un extraño.

Nunca me preguntó si era homosexual, nunca hablamos sobre ello.

Después de que mi madre supiera que me atraían los hombres, el cerebro de mi padre se sumió en los temblores de un cortocircuito. No podía creerlo. Le parecía impensable. Un marica en la familia Larretxea. ¡Vaya disgusto! ¡Qué vergüenza! Como si no fuera suficiente con mi negativa a seguir el glorioso itinerario que quería enseñarme por la virtud del esfuerzo, mi padre iba a sentir una especie de rechazo. Pensaría, seguramente, en el futuro incierto que tendría que afrontar por el hecho de ser gay. Las palabras, que al principio sería incapaz de pronunciar, se le enredarían, sin duda, en las formas de expresión de su cuerpo. En su puño apretado. En su mirada afilada por el miedo.

Mis diversas identidades iban definiéndose y, cuando he preguntado a mi madre sobre esos encontronazos con mi padre, a ella le asalta una incapacidad de expresarse, un dolor en sus labios mordisqueados. El sufrimiento se refleja en su rostro. En sus ojos refulge la importancia de la función de los intermediarios esenciales, a la sombra o en silencio, tanto dentro de cada familia como en el ámbito social.

Estoy seguro de que mi padre, que entonces tendría la edad que yo tengo ahora, se preguntaría una y mil veces qué había hecho mal, cómo podía ocultar aquella vergüenza que sentía, cómo podía reconducir los pasos erráticos de aquel hijo que veía perdido. Sin duda, yo rechazaba el rígido mundo masculino que él representaba; igual que él debía de sentirse incómodo con aquella imagen mía que iba despertando.

Aunque yo no imaginaba lo que luego sucedería, en una peluquería de Elizondo, debido a mi falta de asertividad, me convencieron para teñirme el pelo de azul. Así volví al pueblo, en bicicleta, como un adolescente desorientado con un aspecto basado en la estética estadounidense del *nu metal*. Entré en casa. «Pareces un payaso» fue la frase de mi padre, tras cerrar la puerta tras de sí con fuerza. Aquella mutua distancia emocional nos llevó a la rigidez, a apenas intercambiar palabra. No teníamos nada que compartir. Nos volvimos unos desconocidos. Nuestras ansias y deseos estaban tan apartados…

Fue en aquella época cuando empecé a vestirme de negro, cuando elegí un grupo de amigos que no era precisamente el más sano y apropiado. Fui a conciertos, a festivales de música. Bebí, me drogué. Tenía una necesidad desmedida de descubrir los diversos intersticios de la vida. Una necesidad ineludible de disfrutar de ella. De dejar atrás aquella rigidez que me rodeaba.

Os juro que mi padre lo intentó, aunque no acertara. Estoy seguro de que, en su vida, veía a los homosexuales como algo que estaba lejos; los veía lejos, y con el ceño fruncido. Estoy seguro de que nunca se le pasó por la cabeza que pudiera tener un hijo gay.

Sé que en estos últimos años ha sido defensor del colectivo LGTBI, aunque yo no tenía noticia de ello. Sé que jamás dejaría de relacionarse con un hijo, por ninguna causa, fuera cual fuera.

Mi padre lo intentó, pero no supo de qué manera acercarse. A menudo, la vida se nos presenta de esta forma. Frecuentemente, no sabemos cómo, pero seguimos hacia adelante, con nuestros fallos y nuestros remordimientos. Lo más importante es continuar, lograr dar esos pasos, aunque no sean demasiado firmes, aunque nos caigamos, aunque nos mojemos.

El esfuerzo siempre nos lleva a alguna parte. El amor que implica respeto. Una red familiar sana y estable. Durante todos estos años, tanto mi madre como mi padre me han animado a abrazar esas capas de diversidad que forman la libertad.

LAS frases hechas que desde la infancia nos han atravesado nos persiguen. Esos preceptos o modos de ver que se han fijado en el subconsciente de nuestro desarrollo han tenido su influencia en cierta configuración de valores y principios. Nos hemos echado a la espalda una balanza que calibra lo que es aceptable y lo que es rechazable. Que decide qué se convierte en símbolo del insulto y qué acaba siendo un símbolo de la aceptación. Una cosa o la otra. Válido o despreciable. En esa dicotomía intentamos encontrar nuestro sitio.

La ciega búsqueda de la aceptación es uno de nuestros fundamentos. Así lo he vivido yo. Tenía que demostrar mi valía para ser aceptado, para poder sentirme un ciudadano de primera.

El tiempo nos enseña que no toda la responsabilidad está en manos de uno mismo. Nos topamos con murallas. Con gente que lleva una piedra en lugar de cerebro. A pesar de todo, yo no he sufrido de manera notoria insultos o maltrato por ser homosexual. Curiosamente, a veces ha sido en el ambiente gay donde me he sentido más incómodo. Los hay que descargan su frustración y su dolor por medio de un humor mordaz. Que dejan traslucir ciertas carencias en su falta de habilidades sociales. A menudo el ambiente gay me lleva a la imagen de unos gallos enjaulados. A la imagen de la carne fresca de un ternero suspendido. Somos algo más que carne, algo más que piel, si bien somos, también, carne y piel.

Cuando eres niño, no te das cuenta de que algunas expresiones que usan los adultos van formando distintas capas. Con los años, en el lugar de la piel te encuentras con el barro, con nudos, con un rollo de alambre, con borradores de papel transformados en una pelota, con el vacío. Nuestra más brillante coraza proviene de ese pasado.

Algunas veces, para un chico no existe mayor felicidad y placer que jugar con muñecas y vestirse como una princesa. Y luego hay padres valientes y encomiables como Ørjan Burøe. Este cómico noruego se disfrazó con el vestido de Elsa, la protagonista de *Frozen*, mientras su hijo de cuatro años, feliz y maravillado, bailaba con emoción *Let It Go* bajo varias capas de encaje y con una corona en la cabeza. Las personas somos también lo que está más allá de los modelos de construcción social y de género.

Nos han reprochado nuestras imperfecciones, nuestras redondeces blandas, nuestros gestos, las formas de ser y sentir que no encajan en los compartimentos sellados de los géneros. Hemos sido motivo de burla. Nos han tratado con desprecio, con intolerancia. Han pretendido arrastrarnos a ese camino recto de la mayoría, para que no armáramos bulla, para que no llamáramos demasiado la atención. Así como no hay una única manera de percibir las cosas, tampoco podemos estar continuamente clasificándolo todo. Las clasificaciones nos llevan a la reducción, a aislar nuestros hemisferios aún sin explorar, desconocidos. Han querido convertirnos en quienes no somos, en la figura deformada –en secreto– de sus miedos.

PARA SORPRESA de los profesores de mi instituto, cuando era adolescente, mi padre no me echó de casa por ser homosexual.

CADA vez que llegamos al pueblo, mi padre nos inspecciona el coche. Comprueba el estado de los neumáticos, el nivel del aceite. Como camionero que es, tiene experiencia. Me acuerdo de él cuando, en el retrovisor, examino los rostros de los camioneros cansados con los que nos cruzamos entre Madrid y Arraioz. A los que están en ruta, les hacen pasar controles, uno tras otro. En su caso, a menudo, no tiene ocasión de comer nada cocinado hasta que llega al hogar. En invierno, sobre todo, agradece poder disfrutar de un plato caliente. Muchas veces sale de casa a las cuatro de la mañana. Alguna vez, en alguna carretera estrecha del Pirineo, le ha tocado bajarse del camión y tener que apartar él mismo hasta la cuneta el coche que venía de frente.

Siempre que nos vamos, se asegura de que volvamos a Madrid sin contratiempos. Si el coche tiene que pasar la ITV, sin pensarlo dos veces nos propone hacer él la gestión en el servicio de Sunbilla.

Acostumbra a preguntarle a mi madre si los «madrileños» estamos bien, si ha hablado con nosotros últimamente. A menudo tengo la sensación de que me conoce mejor que nadie. Me gusta compartir con él mis aspiraciones literarias. Me gusta su forma de hablarme. El enfoque que me transmite. Su filosofía de vida ha sido trabajo y más trabajo. Trabajar y esforzarse. Trabajar y ofrecer a los demás lo mejor de uno mismo. En alguna ocasión, nos ha llamado incluso «ciudadanos». La última vez que nos despedimos, nos dijo que nos portáramos bien.

Se ha acercado a buscarnos a la estación de Pamplona y, a la vuelta, ha sido también él quien nos ha traído hasta aquí después de nuestra estancia en el Pirineo navarro. No ofrece muestras de cariño a su mujer, dice que esas son cosas de ñoños. Luego es el que mejor sabe arreglarse con ella. No hay nadie que conozca mejor a mi madre. Ella nos dice que no le pide gran cosa, solo pasar unos días juntos en algún sitio, ahora que han cumplido cuarenta años de casados.

De alguna manera, llevo dentro de mí la exigencia de mi padre. La claridad de sus ojos. Su ilusión ante los nuevos retos. Hasta que no me dejé barba, nadie me dijo que me pareciera a él. Según vamos cumpliendo años, la esencia y la visión del mundo que compartimos hacen que nos vayamos acercando. Ocuparse de inspeccionar nuestro coche es un modo de cuidarnos, de asegurarse de que tendremos un buen viaje.

Los gestos de cariño tienen sus vías y sus formas. Yo conozco las suyas.

DISTRAÍDAMENTE, se me va el tiempo sorbiendo la espuma del segundo café con leche del día. Las partículas de azúcar moreno no caen al café, sino que se posan en esa lechosa superficie blanca, como si todo lo que decimos se quedara flotando en el aire. ¿Nunca has dicho algo y, al momento, te has arrepentido? ¿No has pensado que estabas mejor callado? ¿Que esa no era la mejor opción para romper artificialmente un silencio en el que estabas cómodo?

Las partículas de la espuma se quedan dentro de la taza comprada en el Museo de Arte Contemporáneo de Lisboa. Algunos objetos nos transportan a lugares concretos. Los recuerdos, al fin y al cabo, no son más que colores, olores y emociones que nos conectan a esos momentos del pasado. Objetos enfilados. Vivimos ensartados. Somos el hilo; el hilo y la aguja. Ahí, en el lugar del nudo, es donde nos duele. Ahí se nos queda trabado el recuerdo, se echa a temblar la narrativa, el trazo horizontal del relato.

Con la taza de colorido diseño entre las manos, los restos de la espuma del café me llevan a los trazos redondeados que las olas forman en la playa. A los desechos que van soltando según se mueven. El panorama que contemplamos desde este barrio de Malasaña, sin embargo, lo acota un movimiento formado por antenas y edificios. Olores de contaminación y suciedad. Desde un tercer piso sin ascensor, nos resulta imposible tener noticia del enrojecimiento del horizonte, y nos están vedadas las cumbres nevadas de la sierra de Madrid. Solo podemos acceder a la ropa tendida, a los gritos de los turistas franceses, ingleses o alemanes, o a la tranquilidad de una vecina mayor de enfrente a la hora de repasar sus prendas. Siempre se acerca a la ventana, el rincón más iluminado a esa primera hora de la tarde, cuando los rayos del sol alumbran su salón.

Tuvo que llegar la pandemia para, por primera vez, darle un uso al pequeño balcón de nuestro piso, aparte de los cigarrillos inducidos por los ocasionales excesos de alcohol. Fue un nuevo espacio que descubrimos, después de una profunda limpieza que necesitaba desde hacía años. Cuando entramos allí, el piso estaba vacío, así que tuvimos que comprar algunos muebles; entre ellos, las sillas amarillas de diseño escandinavo que sacábamos al balcón. En la época del confinamiento, ese espacio se convirtió en el rincón de lectura al sol. Otro de los descubrimientos de esos intervalos en que teníamos ocasión de salir de casa fue el llamado parque del Oeste, la amplia zona verde situada en Moncloa. Desde entonces, nos acercamos siempre que podemos, y conectamos con el entorno de Madrid Río, mientras vemos los trenes desde el puente de Príncipe Pío. A principios del siglo XX, la estación del Norte estaba allí.

Vuelvo a las canciones de Jóhann Jóhannsson, mientras sigo degustando mi café con leche. Su repentina muerte nos perturbó. Tenía muchísimas ganas de verlo en directo en el festival Primavera Sound. Era una de mis motivaciones para acudir. El hilo de mis pensamientos sobre los creadores artísticos que mueren jóvenes me lleva a preguntarme qué quedará de nosotros. Qué es lo que, al fin y al cabo, dejaremos en nuestro camino.

En mi epitafio quisiera que pusieran que intenté ser feliz.

Aprovecho este café con leche de la mañana para calentarme las manos. Observo lo que hace mi marido, Zuri, que a veces se coloca en la parte de atrás del estudio. No es mi intención, pero le pone nervioso que le mire si está concentrado en algún trabajo de diseño. Un fondo buitre ha comprado el edificio en que vivimos, así que tenemos un plazo de un año para dejar el piso. No queremos abandonar el centro de Madrid, aunque sabemos que el precio de los alquileres es abusivo. Procuraremos que la próxima vivienda en la que vivamos sea luminosa. En esta de ahora, la luz solo llega hasta el salón.

De improviso, mientras estoy enfrascado en el borrador de un poema, mi madre nos envía por WhatsApp una foto a mi hermano y a mí. En ella aparece una carta al Olentzero. Ver aquella letra de mi infancia me suscita cierta ilusión, hasta el punto de sentir una emotividad que me une a la inocencia de aquellos tiempos. Sin embargo, ya no tendré ocasión de conectar con los colores e imágenes de los trazos y dibujos de mi niñez. Hace tiempo que mi madre tiró a la basura todos los cuadernos de la escuela infantil del pueblo. Los libros, en cambio, los salvó, con la esperanza de que alguien los utilizara. No podré obtener respuestas a partir mis dibujos de niño por medio de los senderos del psicoanálisis. No podré saber qué dibujaba y escribía. Algunas decisiones, sin querer, deshacen en pocos minutos algo que da testimonio de una época. ¿Qué somos, sin cicatrices y sin memoria? ¿Qué, sin ese contexto que nos rodea?

Los rastros van desapareciendo y la imagen de lo que fuimos se transforma en un paisaje difuminado entre la niebla. Aunque la memoria muestre su deseo de recuperar esos instantes, cada día que pasa apaga una farola más de la conexión neuronal que tenemos con ese pasado.

Me mudé a Madrid siguiendo las señales que me daba la vida. Nunca fue una de las ciudades que tuviera en perspectiva para irme a vivir. Sí lo eran, en cambio, Bilbao o Barcelona. A veces, todo consiste en estar atento a los mensajes que deja fluir la vida, en seguir la dirección que marcan los latidos más íntimos, en intentar satisfacer los placeres y deseos de cada momento.

Siempre que le contamos a alguien en qué parte de Madrid vivimos, la respuesta suele ser que estamos en nuestro ambiente, o en un ambiente de nuestro estilo. Durante los diez años que vivimos en Tirso de Molina, siempre que podíamos nos acercábamos a Malasaña. Últimamente, procuramos frecuentar las barriadas y entornos de la periferia; y es que, entre las medidas restrictivas por la pandemia y la gentrificación, parece que hay que pedir hora para entrar a las cafeterías y bares cercanos. El centro de la ciudad parece una continua *performance*. Algún domingo hemos visto colas de más de veinte personas para desayunar. Siempre hemos tratado de salir de la rutina y, dado que nos gusta la improvisación, estar en el centro nos impulsa, tras un duro día de trabajo, a salir al cine, a tomar una cerveza o a cenar. Nos gusta especialmente el ambiente de Madrid entre semana.

Mientras salto de las melodías de Jóhann Jóhannsson a las composiciones de Ólafur Arnalds, pienso que escribir es también tocar el piano. Las palabras y las frases ocupan el lugar de las notas y las melodías. No puedo escribir sin una música que me lleve a nuevos territorios, de una frase a otro concepto. Los dedos forman la melodía del fraseo, hasta completar un párrafo musical compuesto de afectividad y sentimiento, recuerdos, dolores y carencias. Así nos dedicamos a hacerte compañía, a ti, que estás al otro lado. Quiero pensar que, en algún lugar, encontrarás un gesto, un recuerdo, un guiño. Alguna frase que quisieras volver a recordar. Una conexión directa, un camino sin obstáculos hacia alguien al que amas.

Los seres vivos llevamos el tiempo tatuado en la piel. Somos piel y tiempo. Un pasado, la proyección de un presunto futuro. ¿Qué somos sino un conjunto de huesos y carne? Infinitesimales. Mortales. Dignos y torpes, vanidosos y humildes. Hijos e hijas de una época. Huérfanos, mocosos traspasados por el dolor. Urbanitas criados entre algodones, hijos que no refinó la elegancia. Apaciguo mi pensamiento y mi escritura viendo vídeos en YouTube. No sé por qué, pero una y otra vez me aparece

I Know The End, de Phoebe Bridgers. Probablemente sea el clip que más vi el año pasado. Al final de ese canto apoteósico que nos habla del apocalipsis político, una melodía de trompeta se entrelaza con las distorsiones de un grito interminable y de las guitarras. La canción incluye un maravilloso *in crescendo*.

De vuelta en Spotify, salta en la aplicación la canción *Elektrizitatea* («Electricidad»), del grupo Zea Mays. Sin pensarlo, busco el vídeo de la versión que grabaron con la Orquesta Sinfónica de Euskadi:

> *La energía me lleva al corrimiento de tierras,*
> *también yo soy energía,*
> *y quedaré escrita para siempre sobre la tierra.*
> *Ya que soy energía, si estoy en la energía,*
> *quedaré escrita sobre la tierra.*

Son los pasos que damos lo que queda inscrito en la tierra. Nuestras idas y venidas. Nuestros movimientos y decisiones remodelan la cartografía del paisaje que recorremos. La piel de la tierra y su tacto.

¿Qué quedará de nosotros? ¿Somos piedra o somos pueblo? ¿Un cuerpo o su memoria? Con un movimiento de cabeza, mi mirada se dirige a la estantería de la izquierda. Entre los libros hay algunos recuerdos, postales y otros objetos. Entre ellos, una piedra que me regaló el poeta Juan Manuel Uría, en la que escribió una frase con un rotulador, tras la lectura en la presentación en Madrid de su poemario *Harria: Piedra*. Somos energía. Energía y pensamiento. De vez en cuando me acerco a esa pequeña piedra y la cojo en mi mano. No tiene imperfecciones, es muy suave al tacto.

El libro me lleva al río Baztan. A los guijarros planos que lanzábamos a su superficie. Yo no solía lograr que, gracias al choque entre el proyectil y el agua, siguieran su trayectoria. En los primeros lanzamientos se hundían en el agua, igual que tantos recuerdos de aquel tiempo brumoso. Caminábamos contra la corriente del río, haciendo el gamberro. ¿Quién, de pequeño, no ha quebrado la línea de la rectitud? ¿Quién no ha llamado al timbre de una casa o un piso, y se ha escapado a todo correr? ¿Quién no ha cogido una fruta de donde no debía?

En verano, los que eran mayores que nosotros se bañaban en el río Baztan. Con el paso de los años, el río ha ido llevando un agua más sucia, incluso ovejas muertas. La primera vez que vi esa imagen no podía apartar la mirada de la manera en que la lana de la oveja flotaba en el agua. Formaba a su alrededor ondas circulares cada vez más amplias.

Nosotros, sin embargo, desde bien críos, cogíamos nuestras bicicletas e íbamos a la piscina de Lekaroz. Formábamos un nutrido grupo, compuesto por chicas y chicos del pueblo. Recuerdo que, con los años, la cuesta contigua al barrio de Oharriz se me hacía cada vez más empinada. ¡Vaya liberación cuando pillábamos la cuesta abajo! Comprábamos morenitos y flashes de colores fosforescentes.

Ya en la adolescencia, avergonzado de mi cuerpo, me remojaba en la bañera de casa. De la noche a la mañana, dejé de ir a la piscina con los amigos del pueblo, de jugar con ellos al fútbol o a la pelota. Mi jaula propia fue una cabaña hecha de libros. Mi gordura se mezclaba con el descubrimiento de que era homosexual, los tabúes, los miedos y las dudas. Homosexual y gordo. Gordo y homosexual, en un ambiente rural. Y cada vez más encerrado en mí mismo. Dejé atrás la ingenuidad y la alegría de vivir propias de la infancia, y ahogaba mis penas en las oscuras tonalidades de Nirvana o el peso de las melodías de Tool. Seguía con Korn o Deftones, y pasaba a Rage Against The Machine o al *metal* industrial de Fear Factory.

Antes de todo eso, mi incapacidad para comunicarme solía quedar en evidencia. Sentía en mí síntomas de fobia social. Cuántos temblores, cuántos sudores y rubores en la época del instituto. Recuerdo que, un día, una compañera de clase me dijo que tenía muy mala cara. Escribí un texto sobre la violencia sexual, y el profesor, Xabi Yaben, se me acercó, preocupado. Le dije que no era mi caso. Sus clases suponían para mí un aire nuevo, una burbuja de oxígeno. Difundía entre nosotros el amor a la literatura. Nos contaba historias de bisexuales y homosexuales. Yo no era el único en el mundo. No sé si era consciente de lo necesarias que eran para mí sus clases, así como él mismo.

Una vez más, tomo entre mis manos la piedra que me regaló el poeta Juan Manuel Uría, para sentir la suavidad de su materia. Esa tersura me lleva a su vez a la luminosidad de mi difunta tía Juanita. Era mayor que mi padre, y hacía tiempo que vivía en Ziburu. Fue camarera y limpiadora de hoteles, y un cáncer se la llevó de entre nosotros en unos pocos meses. En cuanto tenía ocasión, la tía se acercaba al pueblo para estar con mi madre y conmigo. Como señal premonitoria, una vez me regaló un oso enorme. Siempre que venía al pueblo, se llevaba guijarros para adornar el jardín de su casa. Más de una vez, cuando ya habíamos llegado a la altura de Endarlatsa, tuvimos que darnos la vuelta, porque a mi padre se le había olvidado el DNI. A medida que nos acercábamos al control policial de la frontera, todos íbamos poniéndonos nerviosos. El control imponía lo suyo. Mi padre bajaba el volumen de la cinta de Pantxoa eta Peio, y hablaba en un francés impecable (¡qué lástima que yo perdiera lo poco que sabía!). Su mejor escuela fue tener que dar la cara para sacar adelante su trabajo.

No sé si son los años o cierta madurez, pero voy encontrando en mi interior gestos o pensamientos que me acercan a mi padre; y es algo cada vez más evidente. Lo mismo respecto a mi madre. Tirando de algunos hilos que en el pasado no encontraba, los nudos embrollados van liberándose, porque nuestros perfiles ya no albergan los temores y los rigores de aquellos tiempos.

Vivimos en el centro de Madrid, en el tensionado barrio de Malasaña, que fue plaza fuerte de la Movida y donde, a día de hoy, viven todos los hípsters y modernos castizos del mundo. Por suerte, no tenemos que pagar un alquiler imposible. Recuerdo que, para ir a entregar la señal del piso, cogimos un taxi a la inmobiliaria. Debido a que a un error en la gestión, mi marido había conseguido una cita para verlo, e inmediatamente empezó a crecer en nosotros el deseo de ir construyendo y compartiendo nuestra vida allí, ya que teníamos que abandonar la vivienda anterior. Estábamos en el festival de música Tomavistas, disfrutando de los conciertos del sábado, cuando nos llamó la dueña del piso que entonces ocupábamos. A ambos se nos hizo un nudo en la garganta. En lugar de disfrutar de los conciertos del domingo, tuvimos que dedicarnos con ahínco a la complicada tarea de buscar un piso.

En Madrid, las mudanzas son una de las principales causas de ansiedad. Acarrean, implícitamente, una especie de duelo, y aún más si suponen un cambio de barrio. Los precios, tan altos y desmesurados, nos empujan a las afueras; los barrios del centro van quedando en manos de los privilegiados con grandes sueldos, o de los turistas. Zuri me envía por WhatsApp el anuncio de un piso que está a la venta. Durante la semana, la lista va creciendo. Soñamos con una vida equilibrada, con la estabilidad de una vivienda. Vistos los precios de Madrid, nos sentimos unos indigentes.

En una de esas charlas de sofá, aunque estamos con el móvil o la tableta, cada uno a lo suyo, comentamos entre bromas que sería un chollo si ganáramos algún premio literario. Este año, además, nos hemos presentado al mismo concurso, pero en lenguas diferentes. Él en castellano y yo en euskera. Probablemente todo quede en nada. Soy el más pesimista en cuanto a los premios. En mi caso, además, soy el finalista perpetuo. Algo que da cierta comodidad, una especie de confirmación. La mejor compañía es el trabajo y el esfuerzo. En una gran ciudad es fácil introducirse en el ámbito cultural o literario. Hay muchos hechiceros y vendedores de humo. También hay quienes te impulsan y te animan. Al fin y al cabo, todo consiste en tener una red de apoyo.

Apenas me queda un año para seguir escribiendo en este piso. Para amar a Zuri, para hacerlo enfadar, para conectar con la tristeza, para invitar a cenar a los amigos, para planificar las vacaciones, para recibir visitas de familiares. Quieren hacer pisos de lujo y pedir el doble de lo que nosotros pagamos. Ya han empezado con las obras de mejora en el segundo izquierda. Ya veremos cuando empiecen con el piso de abajo. Zuri trabaja en casa. Menos mal que yo uso auriculares para escribir. Ahora es el piano de Luke Howard el que me lleva; a alguna parte. Luego, el trabajo colectivo de Nils Frahm y Peter Broderick. No entiendo la vida sin música.

Antes de que entráramos a vivir en el piso de Malasaña que ahora ocupamos, vivían en él dos primas ya mayores. Además de renovar el piso, lo habían dividido por la mitad, y a ellas las habían colocado en el segundo piso. Una de ellas nos contó que fue *miss* de las gafas de sol de Madrid; y la otra, que había estado en Nueva York con la Compañía Nacional de Danza. Hace unos años, levantaba la mano derecha a la flamenca, y adelantaba un poco la pierna izquierda. Últimamente anda cabizbaja, ha perdido la sonrisa y la viveza de otro tiempo. «Ay, mis niños, qué bonitos que sois, no creáis que se lo digo a todos. Es que sois más buenos…», nos repetía cada vez que nos veía. En la última gran nevada de Madrid no pude convencerla para que acudiera al Centro de Salud. Estaba con su prima en el borde de la calle, sin poder cruzar. Las acompañé al otro lado. Me acuerdo mucho de aquellas primas ancianas tan amables. Qué difícil salir adelante para alguien de la tercera edad en el centro de una gran ciudad.

Este atardecer, vuelvo a *Los orígenes*, de Saša Stanišić; elijo al azar entre los libros desperdigados que ya he empezado a leer. Voy intercalando poesía, relatos, memorias, diarios y novelas. El joven escritor que dejó atrás los Balcanes y vive en Alemania escribe:

> Se mire por donde se mire, los orígenes siempre son un constructo. Una especie de disfraz que uno lleva de por vida después de que se lo hayan encasquetado. Y, como tal, una maldición. O bien, con algo de suerte, un patrimonio no atribuible a ningún tipo de talento, pero que conlleva ciertas ventajas y privilegios.

Además de frases y versos que me llaman la atención, apunto las tareas diarias u otras notas:

Servicio de Urgencias Espronceda, 24
Paracetamol, Almax, bolsas de basura, fruta
2 roquefort y apio, 1 torta (brócoli)
arturo jimena reunión la semana que viene
Los vivos y los muertos

En el mismo momento en que di con ese título, gracias al libro de Saša Stanišić, me escribió mi agente literaria acerca del proyecto de novela en castellano que le había enviado. En cuanto le comuniqué la idea del nuevo título, me respondió que ella había pensado lo mismo, ya que era una frase que se citaba al final del manuscrito. La vida tiene tendencia a entrelazar las conexiones, la chispa de los momentos que estallan.

«Mi infancia solo se puede contar con disonancia.»

Me pongo a pensar en la infancia de Saša. En la guerra fría. En Tito. En la antigua Yugoslavia. En la guerra de los Balcanes, con trincheras y heridas que duran hasta hoy. En la música de su lengua materna, en la nueva lengua que habla a sus hijos. En la metralla, en las bombas. En Sarajevo. En Mostar. En las ganas que tengo de volver allí. De nuevo se ha reanimado en mí el deseo de volver a alquilar un coche y, por aquellas carreteras perdidas, toparme con las consecuencias de aquella realidad. En Bosnia-Herzegovina tenía la sensación de que habíamos retrocedido décadas. De que, en cualquier momento, puede estallar una convivencia que no es real. En la ciudad antes coexistían personas de diferentes religiones, algo que hoy en día es impensable. Todo ello me lleva a pensar que una vida no puede tener menos valor que una bandera o un pedazo de tierra.

¿Cómo escribimos sobre la infancia? ¿Cómo puede describirse? ¿Cuál es el relato válido? ¿Qué es lo que rechazaremos? ¿Hay silencios en torno a eso de lo que no hablamos? Escribir, ¿es mirar hacia atrás? ¿Un intento de asear el pasado? ¿Cuál es la lengua más apropiada para ese ejercicio? ¿Qué lengua nos lleva a esos senderos, altibajos y búsquedas de nuestra infancia?

«Las dudas nunca han sabido contar una buena historia.»

Creo que la mejor amiga que he tenido en la vida es la duda. La conozco muy bien, igual que ella a mí. Desde hace mucho tiempo. Desde muy crío, el propósito de tomar una decisión siempre ha sido para mí como enfrentarme a la cuesta más escarpada.

En el ámbito de la poesía vasca, *Bitartean heldu eskutik* (*Mientras tanto cógeme la mano*), el primer poemario de Kirmen Uribe, fue una revelación. Recuerdo la portada y que, al llegar al final, volvía a empezar desde el principio. Leía los poemas una y otra vez. Entre ellos, destacaba claramente «Maiatza» («Mayo»). Se convirtió en un mantra para mí. Me sería de ayuda para mis versos, a modo de inspiración. La música de la costa marina llegaba hasta mi valle del interior. Más adelante, el cantautor Mikel Urdangarin puso música y voz a ese hermoso poema dedicado a la amistad:

Ven, y hablaremos de las cosas de siempre,
del valor que tiene ser amable,
de la necesidad de arreglarse con las dudas,
de cómo llenar los huecos que llevamos dentro.

La duda y, sobre todo, la falta de seguridad han sido algunos de los factores que más me han paralizado. La inseguridad puede ser una muralla infranqueable para el movimiento. Hermetismo y cierre ante la innovación y los cambios.

¿Permanecer durante décadas en un mismo empleo es señal de cierta comodidad? ¿De tranquilidad, de estabilidad? Es cierto que, por las características de mi trabajo, ningún día es igual al anterior. El hecho de trabajar en un programa comunitario de atención a la salud mental me obliga a estar en diversas situaciones y contextos, a prestar atención a personas en cafeterías, plazas, autobuses o viviendas. Menos mal que llevamos una agenda para apuntar las asistencias de cada día. Lugar, hora, persona atendida. Los cambios son el pan de cada día. La flexibilidad que tenemos que mostrar como profesionales no se dirige solo a las personas que atendemos. A menudo, quienes presentan más dificultades en nuestra gestión son los familiares y los trabajadores del ámbito social.

Para ponerse a escribir, es preciso cuidar el jardín de las ideas y las percepciones. Cada actividad tiene su momento. El otro día me di cuenta de que, en todo un mes, no he escrito nada. Solo debe disgustarnos no ponernos a escribir, no así el hecho de no tener qué escribir.

Yo no tengo la posibilidad de sentarme a escribir todos los días. Igual que muchos creadores, debo despertarme pronto para cumplir un horario, para pagar las facturas, para comprar libros, para ir a conciertos, para disfrutar del cine. Para comer y beber.

Soy uno de esos que, en hora punta, caminan en grupo, aunque yo suela ser el último. Todos los días, muy temprano, acostumbro a ir leyendo en el metro. A viajar con música. Mientras leo, escucho música de piano. Cuando salgo del vagón, escojo una canción que me anime y me ayude a empezar el día con energía.

Con las primeras luces, a fin de comprobar si el día va a ser luminoso u oscuro, observo a través de la ventana de la cocina que da a la calle Norte, a esas horas en que en el centro de Madrid aún se oyen los trinos de los pájaros. Esa brújula del norte siempre nos acompaña. Ahora vivimos encima del bar indie-pop que más nos gustaba al poco de venir a vivir a la ciudad. Allí celebrábamos los cumpleaños de aquella juventud inestable y feliz sin rumbo fijo.

Era la época de las chapas de colores, de los bares Espiral Pop y Naranja, en los que nos ponían a Belle & Sebastian, The Pipettes, Camera Obscura o Jens Lekman. En aquel tiempo en que la discoteca Ocho y Medio estaba junto a la Gran Vía, íbamos por allí con nuestros amigos, Paola y Craig. Recuerdo una noche en la que, nada más entrar, pusieron *Standing in the Way of Control*, del grupo Gossip. Después cantábamos y bailábamos con *Wake Up*, de Arcade Fire, o con alguno de esos temas bailables de Fangoria; y acabábamos la noche a grito pelado con *La revolución sexual*, de La Casa Azul. Aún éramos unos jovenzuelos sin experiencia que exprimíamos las madrugadas de los fines de semana.

Era demasiado afeminado para aquel ambiente *hardcore* y *metal* de mi juventud, y demasiado tosco para el ambiente gay. Demasiado grueso para algunos bares de Chueca, y con demasiada pluma para andar tranquilo bebiendo por los locales. Demasiado vasco para los españoles castizos y demasiado español para algunos vascos. Siempre me he sentido un extraño, fuera de lugar. Del entorno gay, del mundo literario, del País Vasco, de Madrid. Sin embargo, eso me ha salvado. De muchos sometimientos, de llevar un carné de partido.

Nunca olvidaré la primera vez que me acerqué al ambiente gay de San Sebastián. Me puse la camiseta más aparente que había en mi armario, la del grupo estadounidense Korn, de estilo *nu-metal*. Era negra, estampada, con letras de un gris plateado. En el bar estaban bailando la coreografía de *Hung Up*, un *single* recién publicado por Madonna. Yo no sabía adónde mirar. Hasta hace poco tiempo, siempre que he entrado en los locales gais, me ha atacado el nerviosismo y la incomodidad. Siempre he sentido encima la pesadez de las miradas. El perfume de un ambiente cerrado y endogámico. En aquella primera ocasión me sentí como un animal atemorizado y acosado. Se abrió ante mis ojos un mundo nuevo con el que aún no me identificaba.

Hemos tenido que oír preguntas del tipo *¿Quién hace de hombre? ¿Quién, de mujer?* Nos han advertido de que no tendremos hijos. El rastro de la sombra del miedo proyectado por la ignorancia se ha ido difuminando gracias al arraigo que me han dado los años. Del tiempo en que necesitaba autoafirmarme, he pasado al sosiego de la aceptación, a una convivencia más colorida, más allá de la pluma y la estricta rigidez de los géneros.

ENTRE los errores de mi juventud está el no haber mirado hacia los lados o hacia atrás. Por mi propia supervivencia, tenía como objetivo aquello que alcanzaba mi vista, la necesidad de seguir adelante, superar los obstáculos y las trabas que encontraba en el camino. Así pues, no veía por el retrovisor que las personas que se quedaban en la cuneta desaparecían de mi camino y de mi vida. Los dejaba ir. Me iba yo. Ni siquiera me daba cuenta. No les concedía el tiempo que necesitaban. También yo, a mi vez, he echado en falta gestos de ese tipo: llamadas, mensajes. En el pasado, he sentido la larga sombra de la soledad. Creo que, de alguna manera, también me ha construido. Se trata de un encogimiento, un viaje sin fin dentro de uno mismo.

De la noche a la mañana, dejé atrás el universo que me rodeaba y que, hasta cierto punto, abandoné. Fue una transformación impensable. Al principio me costaba compaginar dos mundos tan diferentes, buscar cierto equilibrio. Sentía que estaban lejos, demasiado lejos el uno del otro. Lo rural y lo urbano. Arraioz y Madrid. Mi labor ha sido acercarlos. Y, con ellos, mi esencia y mi ser, porque el tiempo es, de algún modo, la búsqueda del equilibrio. Priorizar el propio bienestar, despojado de todos aquellos eslóganes, palabras pomposas y huecas. Porque han sido lemas y gestos que nos han constreñido.

A medida que algunas personas fueron quedando atrás, otras nuevas vinieron a llenar los huecos del pasado. Cambié de lengua, de zona geográfica, de contexto. Los referentes eran distintos. No tenían nada que ver con aquellos del ayer. Empecé a descubrir la copla, los grupos musicales que de niño y de joven menosprecié o no valoré. Las celebraciones eran distintas. Los caramelos. Los referentes de mis amigos y compañeros de trabajo: Mecano, Camela, Rocío Jurado, Los Pecos. Aunque habíamos nacido el mismo año, nuestras infancias parecían de planetas distintos.

Cuando la pandemia, empecé a escribir sobre Iñaki. A desatar el nudo que tenía dentro. Sus tíos trabajaban con mi padre en el monte. Me acuerdo especialmente de uno de ellos. Lo llamaban «Pollito». Era un hombre de constitución fuerte. Después de trabajar toda la semana en tareas forestales, los fines de semana abría en Santesteban una pequeña taberna, para sacarse unos cuartos. Yo solía pedir un *gullu-gullu*, que era como llamábamos a los huevos Kinder. Me los regalaba a discreción. Desgraciadamente, una vez, yendo en un tractor, perdió el control y falleció en un bosque abrupto del Pirineo. Yo era entonces un mocoso que aún no sabía hablar.

Al acordarme de Iñaki, conecto con la época en la que trabajé en la radio Xorroxin, cuando acababa la temporada de verano y me acercaba al caserío de sus padres, en Santesteban. Éramos jóvenes, alocados: unos maricas. Y, desde ese elogio de una disidencia, politizados. En cierta ocasión, en el Día de Navarra, que se celebra todos los años en Saint-Étienne-de Baïgorry, recibimos las miradas de aquellos que no estaban dispuestos a contemplar semejante estampa. Hace veinte años, Iñaki llevaba falda. La pluma era una de sus proclamas. Fue concejal del partido político Euskal Herritarrok. Se pasaba horas y horas en Kattalingorri, la sede de EHGAM de Navarra. Era un conciliador revoltoso. Un espíritu libre, demasiado avanzado para aquellos tiempos y aquel contexto. Murió en 2004, con veinticinco años.

Iñaki y yo conocimos al escritor y periodista Iñigo Astiz en la radio Euskalerria Irratia, y me acordaba de la época en que salíamos juntos. Por primera vez desde hacía mucho tiempo, escribí a Iñigo, a cuenta de los textos que había escrito rememorando a Iñaki. Aquel día tenía que asistir a la reunión del jurado del premio de poesía Blas de Otero, en Bilbao. Me desperté temprano para poder desayunar tranquilamente. En las redes tuve ocasión de oír la canción *Foto zaharrak* [«Fotos antiguas»], de Rafa Rueda, con letra de Iñigo, dedicada a Iñaki. Mis lágrimas brotaron a chorros en aquel bar de Bilbao. Inmediatamente acudieron a mí imágenes y vivencias compartidas con él. Su voz. Las locuras de aquellos tiempos. Los descubrimientos.

En el acto de despedida que le hicimos a Iñaki en el prado de su caserío, Iñigo me dijo que nuestro amigo me había echado de menos. Esto me produjo un prieto nudo que me costó mucho tiempo liberar. Yo no había dado la talla como amigo. Nos queríamos saludablemente, como buenos compañeros. Por una reducción de estómago que le practicaron, murió en el hospital Virgen de los Lirios, en Alcoy, a causa de un edema de pulmón.

Estoy seguro de que, en lugar de aquel *Eusko gudariak* [«Soldados vascos»], él habría preferido alguna de Chavela Vargas. *La llorona*, por ejemplo. Alguna canción de *trikitixa*, o de una diva gay. Aquella tarde el viento dejó de enhebrar el movimiento de las hojas y supimos lo joven que puede ser la muerte. Me arrepentí de los gestos no mostrados a tiempo.

Esa tarde se evaporaron reivindicaciones que habían durado años y aquella incómoda manera de estar en el mundo. Luchábamos contra todo. Nos parecía que todo estaba mal. Nos sentíamos fuera de lugar por cualquier cosa. Teníamos una tendencia natural a ofendernos, a sacar punta a todo lo que nos rodeaba.

En un álbum guardé las fotos que reflejaban la sencillez y, en cierto modo, el vocerío de aquellas fiestas de purpurina y disfraces que celebrábamos en el piso del ensanche de Pamplona. A Iñaki lo llamábamos «Sindi». En la boina llevaba una estrella de metal. Le encantaban. Cocinar. Entre las fotos, falta una. Una que solo él y yo sabemos cuál es. En un *post-it* dejó escrito: «Esta la he cogido yo». El *post-it* sigue pegado el sitio donde falta la foto.

En mi habitación del pueblo, siguen también en el mismo lugar las entradas de los conciertos de mi juventud, el colgante del arco iris, postales y alguna carta, como si no hubieran pasado los años. Tengo la sensación de retroceder en el tiempo, de volver a toparme con aquel Asier (sin hache) del año 2000. También lo que dejamos atrás nos caracteriza. Como aquella ocurrencia que tuve de pintar la habitación de verde. Ahora el radiador parece el de un seguidor del Betis. Los elementos blancos se alternan con los pintados de verde.

En Pamplona, compartíamos un piso con otros jóvenes de Falces, pero pronto nuestros pasos siguieron caminos distintos. Yo empecé a salir con compañeros de Trabajo Social. Era un tiempo de protestas, por la guerra de Irak. Más que en clase, pasábamos el tiempo en *performances*, lecturas públicas e iniciativas similares. Organizamos una procesión para homenajear a los muertos en aquella guerra. Una lectura LGTBI, con música incluida. Éramos unos románticos utópicos. Un desbarajuste, en realidad. Anarquistas, internacionalistas, independentistas, *hippies*. Aquel compañero de clase utopista ha sido parlamentario en Navarra. Un amigo de los compañeros de piso de la Ribera hoy es director del Instituto del Deporte y la Juventud del Gobierno de Navarra.

Nunca olvidaré cómo unas cuantas personas salimos de Pamplona camino de Barcelona para participar en una marcha contra la globalización. La Policía Nacional nos bloqueó frente al edificio del Diario de Navarra, y los agentes nos llevaron a Iker y a mí a la parte trasera del autobús. Iker llevaba el DNI en la boca. Nos hicieron abrir las mochilas; yo llevaba en ella la bandera arco iris. «¿Vosotros también estáis metidos en esto?», fue la expresión de asombro del policía. Luego nos ordenaron que nos uniéramos al grupo.

Con la justicia social como punto de referencia, nuestra visión del mundo era parcial y cómoda. Aguzamos la crítica frente a la realidad que nos rodeaba. Nuestro quehacer era aprender a pensar, creer en otro mundo posible. Yo debía de tener una pinta bastante ridícula el día contra los McDonald's (hay días contra cualquier cosa, en todas partes), cuando me puse detrás de una pancarta.

Aquella noche que pasamos en comisaría me ajustó un poco las tuercas. Un grupo de casi doscientas personas iniciamos una encerrona en la entrada de la Universidad Pública de Navarra. La policía llegó por la noche y a los que no quisimos identificarnos nos llevaron al calabozo. A quienes allí eran conocidos, los agentes les decían que sabían dónde vivían. Y también quiénes eran sus padres. Estaban fichados. Fue una encerrona por el derecho a estudiar en euskera en la universidad. Conmigo estaban mis compañeras de clase y amigas de la Ribera, Edurne y Ioana. Ellas no sabían ni pizca de euskera.

Yo era un poco debilucho para algunas batallas. Por mi forma de ser, no me sentía cómodo en algunos contextos, y eso que me gustaba ser el perejil de todas las salsas. Por mucho que fuera tímido. Me envolvía en mis propias capas. Cuando estudiaba en el instituto de Lekaroz, un día de huelga salimos a cortar la carretera nacional. No disfruté con aquella dinámica. Me sentía incómodo con las quejas y el enfado de los conductores, con sus diferentes realidades. Nosotros, al fin y al cabo, éramos unos mocosos acomodados. Saciábamos nuestro aburrimiento con la emoción del ansia política. Con dirigir nuestra ignorancia sobre la vida hacia las utopías.

Cuando era monaguillo, algunas ancianas del pueblo me decían que tenía que ser cura. Aunque era un niño bondadoso, después de la misa acababa completamente aburrido. Recuerdo la cara que ponía el sacerdote de la época ante mis despistes, como cuando olvidaba llevarle el pan y el vino. O aquella vez en que no me até bien el cinturón y a punto estuve de caerme altar abajo. Lo pasé bien con aquel cura. Me miraba con buenos ojos. Era su preferido. En cuanto dejé de ser monaguillo, dejé también de ir a misa. Solo me identificaba con la teología de la liberación. Nada más que con el catolicismo humanitario, con esa red de la iglesia comunitaria que se sitúa al lado del pobre. Sentía la religión desde el cuestionamiento, desde una espiritualidad mística, orgánica y natural.

EL recuerdo del principio del verano me traslada, inevitablemente, al olor de la hierba cortada. Yo me sentaba en el centro del asiento trasero del Citroën ZX y acercaba mi cabeza alternativamente hacia mi madre y mi abuela. Después de ayudar en los trabajos del caserío, cenábamos y volvíamos a casa en plena noche, bajo el resplandor de la luna. Aquel era uno de mis planes favoritos de la infancia, ir a jugar con mis primos en aquel caserío perdido, más allá del pueblo de Azpilikueta.

Entonces éramos más ágiles que ahora. Echábamos a correr prado arriba y revolvíamos la hierba que estaba ya colocada en hileras. Hace algunos años, vendieron la que fue la casa natal de mi tío. Allí quedarán, congelados, muchos momentos y recuerdos. Por ejemplo, aquella vez que mi madre se salió de una carretera estrecha y escarpada. Las dos ruedas de delante quedaron en el aire. Aquella noche estuvimos a punto de caer barranco abajo. Menudos gritos los míos. Y el miedo. Durante algunos minutos, miramos a los ojos a la muerte.

Me acuerdo de que mi padre unía la caravana al cuatro por cuatro y nos despedíamos para todo el verano. Cuando volvíamos, en la escuela del pueblo, yo siempre dibujaba árboles, ríos, las vistas del *camping*. Aquellas caminatas por el monte, que no me gustaban tanto. Hiciéramos la ruta que hiciéramos, siempre acababa con ampollas en los pies, agotado.

Entre esos difusos recuerdos de infancia, los que prefiero son los de cuando íbamos a visitar a la tía Juanita. Vivía en un hermoso chalé a las afueras de Ziburu.

Para mí, aquel entorno era un sueño. Otro mundo. Sobre todo, por la generosidad, la risa y la inteligencia de mi tía.

En aquel tiempo de escasez, ella fue la primera en traer una cámara fotográfica al caserío. Mi padre y mi tío José Ramón parecían gemelos. La humildad de sus rostros y el brillo de sus ojos están bien a la vista en las fotos amarillentas. El vino, el queso. Los peinados de la época.

Recordar el principio de aquellos veranos me retrotrae a una sensación de vértigo, libertad y saciedad vividas en los pueblos y rincones a ambos lados del Pirineo. A una búsqueda. Nos hemos alojado en *campings* que estaban en pueblos y bosques perdidos. Mi padre se esforzaba en que nuestra experiencia fuera salvaje y natural. Para que estuviéramos lo más cerca posible de su trabajo. Nos situábamos lejos de las poblaciones; quería que tuviera que hacer unos cuantos kilómetros en bicicleta para hacer la compra. En cierto modo, quería mostrarnos su experiencia laboral y vital. Cómo era la vida más allá de las comodidades. Era más feliz viéndonos en aquel entorno.

El comienzo del verano me lleva, inevitablemente, a aquel alboroto de cuando, con mis primos, revolvía las hileras de hierba del caserío. A aquellas gamberradas. Al cabreo de mi abuela, fallecida ya hace años. Que aquel no era sitio para andar jugando, nos decía. Que nos fuéramos a la era.

El recuerdo de aquellos inicios del verano me lleva a la luz de aquel caserío perdido en el valle. A la risa inocente de la infancia. A las experiencias que curtieron nuestro carácter y ampliaron nuestras perspectivas. A revivir en nuestra memoria momentos y personas que nunca recuperaremos.

¿HAY suficiente luz para recordar? ¿Puede guiarnos la luz? ¿Esa luz que brilla puede hacer llegar algún mensaje? Y si, de repente, deja de iluminar, ¿se apaga todo, incluso el cuerpo? ¿Tiene interruptor el cuerpo? ¿Cómo encender un cuerpo que, hace generaciones, perdió su intensidad? ¿Hay algo que nos indique desde dónde y cómo? ¿Un mínimo gesto, alguna luminiscencia? ¿Sabrías atrapar rayos de luz con la mano? ¿El sentido de la vida? ¿El eco y los murmullos de la memoria? ¿Recordar nos encadena a la vida? ¿Rememorar es una forma de empapelar los muros del pasado? ¿Somos luz? ¿Memoria? ¿Únicamente la transitoriedad de momentos concretos? ¿Acaso somos lo que queda de lo que quisimos ser? ¿Nada más que el eco repetido del pasado, previamente grabado, que no conseguimos silenciar?

NO es nada sencillo dar con ese momento en el que tienes algo que contar. Ese instante te une al ordenador, como si ambos estuvierais conectados por tentáculos. ¿Qué es lo que merece la pena y qué no usaremos en un hipotético texto? ¿Dónde reside el equilibrio entre, por un lado, la vida, las impresiones y una perspectiva y, por otro, la vanidad, pornográfica y exhibicionista? ¿Dónde se deshace el ego y dónde se fortalece el tronco, el enraizamiento de la narrativa?

Las relecturas nos ayudan. La ironía. La sinceridad. Difuminar, en cierta manera, el yo. Arrojar a la papelera muchas frases y páginas. El humor. Replantear las frases, reinventarlas. Ser políticamente incorrectos. El tiempo es el amigo más leal para un escritor. Dejar madurar el texto sin prisa. Tras meses y años, volver a retomar líneas y párrafos, y enfrentarse de nuevo a ellos.

La escritura es una conversación que uno mantiene consigo mismo. Un salto entre lenguas. Escribir y deshacer. Subrayar y transformar. Escribir es reformular la vida. Es repensarlo todo, cualquier cosa. Es emprender el camino más largo y abrupto. Las curvas recorridas hasta llegar al puerto de montaña. Es recoger todos los elementos caídos por el camino.

¿Cómo hallar el hilo, dónde está la trama? Vas al trabajo, vuelves, y puedes encontrarte frente al mismo párrafo. El texto que no avanza es un texto muerto. Seco. Embarrado.

Hay días en los que no tienes absolutamente nada que decir. Otros en los que priorizas labores distintas. Lavar la ropa, ordenar la casa, quedar con algún amigo, ir a Correos, de paseo, a tomar una cerveza. Hay tardes que te las pasas leyendo. El trabajo es un respiro, pero muchos días es, también, una dinámica que te consume. ¿Por qué razón no escribes sobre las enfermedades mentales crónicas? En cierta época, un editor me propuso que escribiera una especie de diario sobre mi trabajo.

Algunos días no te sientes capaz de abrir el tarro de las esencias. No te crees apto. La ansiedad puede ser un nudo atado al esternón. La percepción de cada cual. El síndrome del impostor. Para qué escribir, si lo que haces no tiene mucho interés o calidad. Te preguntan si escribes poesía, y respondes de manera complicada. Sabes bien que te ayuda esa relación periférica que tienes con la literatura. No eres un comunicador de primera, no te gusta proclamar lo que las masas deben pensar. No te sientes como un defensor de las causas que están en boca de todos, no te gustan mucho los eslóganes inflamados; los que se pronuncian en voz demasiado alta te ponen nervioso. Te encanta la tranquilidad de la calma. Palabras sencillas para una literatura sincera.

ESCRIBIR nunca ha traído a nadie a la vida. De todas formas, no es esa mi intención. Al escribir, establecemos una conexión con aquello que no podemos dejar de lado; mantenemos conversaciones interminables con las dudas, preguntas y miedos que golpean una y otra vez nuestro ser. Dudas, preguntas y miedos que son muy parecidos, décadas arriba, siglos abajo. Nuestra bandera no es la originalidad. La copia puede ser un buen himno. Cada línea es un nuevo bucle, un remix de lo anterior.

Escribimos para hacer revivir conceptos, puntos de vista y respiraciones periféricas. Para cruzar los puentes de la memoria. Para recopilar los olores, los perfiles y las voces de los que no supieron escribir. Lo que se escribe no muere. Creemos que, recordándolos, recuperamos de su abandono a personas o situaciones lejanas y olvidadas.

Según avanzo con estos textos, te veo en movimiento, bailando. En un baile loco. Mientras escribo, te oigo. Todo aquello que, en un tiempo, no pude oír como es debido, vuelve a mí, de repente. Me atrapan vestigios de rayos de luz que entonces no percibí. Mientras escribo, te intuyo en la distancia. Los años de silencio cómplice nos llevaron a cierto alejamiento.

Éramos jóvenes, locos. Tú tuviste que dar la cara por ser homosexual en un pueblo pequeñito. Recibiste insultos, no te entendían. Eras un adelantado para los tiempos en que viviste. Entonces, ser un marica no era algo que se aceptara. Entonces era incómodo. Los maricas no tenían ímpetu para hacer una revolución. No estaban preparados. No sabían ni cómo ni cuándo. Fuiste un transgresor.

Si escribo, siento que me hablas. Que me perdonas. Oigo tu voz. La vida no fue nada fácil para ti. Fue una lucha continua, diaria. La escritura implica también ir sacando una a una las espinas que nos hirieron con la fugacidad del tiempo.

Escribir como si fuéramos recogiendo pedazos de nuestro interior.

¿Escribimos para aliviar nuestro dolor?

Escribir me permite acercarme más que nunca a ti. Hasta las huellas inextinguibles que dejaste a tu paso.

ASÍ COMO, al apagarse la luz, se ven ciertas cosas,
al callarse aparece lo que no se quería decir.

Inesperadamente, llegó a mis manos un disco publicado desde la desnudez acústica y la calidez vocal. Las letras reflejaban un exuberante mundo interior, por lo que mis escuchas se transformaron en una trinchera.

Y, a menudo, las palabras que calla tu boca
las gritan tus ojos.

El primer trabajo de Anari, publicado en 1997, fue una *rara avis* dentro del catálogo de la discográfica Esan Ozenki. Hasta entonces, lo habitual era que albergara grupos de raíz roquera. Con la perspectiva que dan los años me he dado cuenta de que era un ferviente seguidor de aquella compañía de discos.

Me lanzo al hueco de tus ojos,
como un pájaro golpeado por el viento.

Encontrarme aquel disco con quince años me llevó a interminables charlas conmigo mismo. Las letras desnudas y crudas de Anari me ayudaron en mi empeño de liberar cavidades interiores que nunca había abierto, lejos de las típicas canciones fáciles y ampulosas. Más allá de las frases hechas, nos acercaba a una melancólica poética del desconsuelo, a una trémula cartografía del dolor y las relaciones.

> Y más que todo eso que dices,
> quisiera saber quién se esconde tras de ti.

No sé en cuántas ocasiones volví al tema *Desnúdame, desdúdame*. Ahora vuelvo a ponerla y me pongo a cantar, aunque con mi voz la destrozo. La destrucción nos transporta a otros lugares. Si acaso una canción puede cobijar a alguien, en mi adolescencia volvía a esta porque necesitaba un grito, la fuerza de una caricia simbólica que me calmaba. Mientras oía la canción no me sentía tan solo en este mundo. Alimentaba mi dolor. Lo sanaba. Amortiguaba el grito atroz de mis adentros, calmaba las heridas que lamía en soledad.

> Ven, y quítame la ropa, quítame las dudas, desnúdame. Hablemos de eso que no se puede decir, mirémonos con los ojos desnudos.

Con las luces apagadas y en silencio, partía en busca de lo que las palabras no pueden mostrar, a través de la melodía de la guitarra y la voz. A esos huecos de los ojos, como un pájaro golpeado por el viento, porque aún no sabía quién se escondía detrás de mí, qué se ocultaba en mis cavidades vacías y confusas.

> Ya sabes que lo ignorado siempre manda, sin eso no podríamos vivir. Ven, y quítame la ropa, quítame las dudas, desnúdame.

Susurraba la canción con la redondez de un animal doméstico lastimado y desgarrado, soñando que, en algún momento, alguien me quitara la ropa que llevaba puesta, y que, con esa desnudez, hiciera desaparecer las dudas que tan pesadas se me hacían. Soñaba que tendríamos ocasión de, con el tímido reflejo de la mirada, hablar de todo eso que hasta entonces no habíamos podido mencionar. Solo anhelaba que alguien me quitara la ropa, las dudas, porque yo solo no podía. Tenía las manos atadas a la culpa.

ME despierto antes que Zuri, así que miro los nuevos vídeos de la semana de EITB Kultura. Me alegra la proyección del grupo Melenas. El corte sobre el libro ilustrado de Dom Campistron, que regresa a su casa natal de Aldude, me lleva a una conexión: en un futuro, podremos volver tal y como somos a los montes y pueblos que dejamos atrás, y ofrecer nuestra semilla a la comunidad. Me pongo al día con el programa «Ur Handitan». Es un sábado frío y gris, así que pasaremos el día en casa. Mientras degustamos los cruasanes de la panadería argentina, ponemos el concierto de Kacey Musgraves en el último festival de música Coachella. También esta tranquilidad es la vida. La improvisación nos impulsa a tomar decisiones espontáneas. Hay huecos que llenamos, de algún modo, con movimientos y planes diferentes. Estamos convencidos de que, con el tiempo, y debido a nuestras propias dinámicas, el día que acaba de empezar nos llevará a unas cuantas sorpresas e imprevistos.

La cantante texana de dulce voz Kacey Musgraves es una de las revisionistas del estilo *country*. Mientras empieza a cantar *Rainbows*, las banderas, pañuelos y abanicos arco iris se mueven de forma coreografiada. Nos canta cómo las tormentas del pasado influyen en nuestro bienestar, cómo debemos abrir los paraguas que nos protegen. Puede que, tras los chaparrones, aparezca un arco iris sobre nuestras cabezas. Automáticamente, recuerdo uno de los mantras de mi padre. Después de los días malos, llegan otros mejores; al día siguiente, vuelve a brillar el sol. Este tema que habla sobre la depresión se ha convertido en un himno para muchos homosexuales.

Mientras el concierto de Kacey Musgraves va llegando a su fin, sale bailando al escenario una adorable abuelita. Lleva un vestido de colores. Gracias a su calzado fluorescente, sus movimientos adquieren otra comodidad y elegancia. No deja ni un momento de bailar y sonreír. Esa aparición, que dura unos minutos, es una hermosa escena sobre la vida. Sobre cómo podemos enfrentarnos a ella. Más allá de los procedimientos y necesidades que se nos imponen, yo quiero ser esa ancianita que goza con toda libertad, quiero ir madurando así. Envejecer así. Quiero mirar así la vida, así desearía entenderla, como si fuera una fiesta interminable.

Cambiamos de canal y nos encontramos con otra mujer madura con vestido africano que se menea con movimientos espasmódicos. Canta «África, África», mientras pasa el micrófono entre sus piernas. Sigue bailando, de espaldas al público. De pronto, hace parar a los músicos y dirige un mensaje a los hombres: que no golpeen ni violen más a las mujeres. Que pasaron nueve meses dentro de sus madres. Aunque se desplaza con dificultad debido a su edad, se mueve de un lado a otro con su energía y su cuerpo curtido. Nació en Trinidad y Tobago hace ochenta y un años. Ha compuesto más de mil canciones. «¿Quién es la reina?», pregunta desde el escenario. Pueden imaginarse la respuesta.

Esta mujer nacida en 1940 compone temas contra el racismo y el sexismo. Si bien su padre le recordaba una y otra vez que la música del calipso la traía el diablo, se ha convertido en la reina de ese estilo musical, con todo merecimiento. Calipso Rose, la hija del mar, la enseña del Caribe.

ENTRE las lecciones básicas sobre el hacha que nuestro padre compartió con nosotros, recuerdo que nos decía que nunca debíamos girar hacia nosotros la parte afilada. Teníamos que protegernos de ese filo que corta la madera, si no queríamos salir heridos.

Uno de los miedos más grandes que yo tenía en esa tarea de cortar troncos era darme un hachazo en el pie. Mi padre hablaba de la herramienta con respeto, como si se refiriera a la vida. Lo que nos hiere nos hace vulnerables. Lo que se afila hiere más fácilmente.

Siempre he tenido miedo de, al terminar de cortar el tronco, caerme al suelo. Cuando he estado en esa situación, siempre me han recogido las manos de mi padre.

Gracias a él, siempre he evitado esas posibles caídas.

HEMOS cargado con la cruz del desvelo y el insomnio. Con la señal del mal, con esa misma sensación de un riesgo que pone en peligro el orden público. Hemos dejado fluir miradas licenciosas, la desviación de la columna vertebral, la sintaxis que da la cara. Representamos la abundancia del vicio, del declive, el error sin vuelta de la transmisión de la cadena humana, la inmoralidad contra el dictamen.

Crecimos pensando que vivíamos fuera de la normalidad, que merecíamos ese rayo implacable que nos quemaba por dentro. En distintos momentos de nuestra infancia y adolescencia nos han hecho sentir que éramos seres raros y despreciables.

La negación ha sido nuestra bandera; la invisibilidad, una de las sintonías de los años del silencio. Deseábamos silenciar muecas y gestos que no podíamos controlar, formar parte del grupo, seguir los pasos del rebaño.

Antes de llegar a la conciencia de la madurez, hemos sido ovejas negras, ya que soñábamos y vivíamos más allá de una normatividad que se esperaba de nosotros. No somos. Ha sido la falta de cuerpo la que nos ha hecho. La negación de los sentimientos. El estrechar los labios y los músculos. El encogernos en nosotros mismos. Amar ha sido nuestro puño cerrado más fuerte, el supremo.

Nos ha hecho ponernos en duda cada día. Los rechazos. El tener que nadar contra la corriente. Sentirnos desplazados en todo momento. Fuera de nuestros cuerpos, de nuestro entorno cercano. Escondidos, atemorizados. Nuestra verdad y realidad han sido nuestra bandera. En muchos momentos, nos han curtido la piel una inesperada fuerza interior y nuestras convicciones. La mirada. La percepción. Hemos pasado por el fango, por las noches más cerradas y frías. Hemos caminado contra el tiempo y los elementos. El dolor ha azuzado estos pechos. Nos ha fortalecido los músculos y los pensamientos.

El recuento de las heridas nos ha convertido en seres invencibles.

SI uno no es capaz de liberar su propio cuerpo, ¿con qué poder emancipará cualquier otro ámbito?

EL asiento del copiloto en el que te sentabas siguió conservando tus formas durante años. Aquella imagen era como una corazonada, el relieve de aquel cuerpo alto y ancho que nunca más iba a ver.

En la vida, vamos dejando rastros, olores y gestos, expresiones y actitudes. Nunca más abrirías la puerta del acompañante, nunca más te vería entrar al coche con mucho cuidado. No volvería a oír aquella voz dulce y aquella risa contagiosa.

A la vida le hacíamos frente con gran comicidad. En cierta medida, nos ayudaba ese punto de desvergüenza que nos daba la irresponsabilidad de la juventud.

Cuando en el taller me dijeron que tenían que cambiar aquel asiento, yo ya sabía que, con él, iba a desaparecer toda una época. Aunque hacía años que no te veía y no estaba contigo, de alguna manera te sentía a mi lado. Preguntaba a mi madre si te veía por Santesteban. Fui un cobarde, un resentido. Un descuidado. La silueta dibujada en el asiento del copiloto te mantenía, de algún modo, a mi lado; aunque, para entonces, ya te habías ido.

¿CÓMO escribir cada palabra, si los dedos no paran de crujir y la inquietud transforma la visión en bruma? ¿De qué manera expresar, cuando aparece, la tristeza? ¿Cómo transmitir, por medio del movimiento de los metacarpos, este embrollo interior? ¿De qué forma hallar la fuerza necesaria para hacer frente a las vibraciones del ordenador, para atrapar, en cierto modo, el texto? ¿Para qué escribir si todo se desmorona, si no tenemos perspectiva ni esperanza? ¿Para qué nos sirve, si la vida se va deshaciendo? ¿Para qué, si te das cuenta de que el vivir es un lamento volátil, si solo somos cuerpos débiles e indefensos frente a la enfermedad y la crueldad?

EN tanto en cuanto la escritura simboliza el ir dando golpes en el árbol, lo que hacemos es poner a temblar el tallo de nuestra genealogía, porque, tras el sudor y el esfuerzo, siempre se recibe algún fruto. Sea un gesto, sea protección.

Cuando escribimos, nos atemoriza hacer daño. A mí siempre me ha perseguido un miedo desmedido que bloquea y censura la creatividad. Hay un hilo ligado a los acontecimientos familiares que, en cierta medida, me ha sostenido y me ha asfixiado.

La escritura nos ha permitido enfrentarnos a los muertos y a los vivos. A los fantasmas y a los espíritus. A la materia y a la magia. A los huesos y a los huecos.

Escribir es un viaje de vuelta. Una cuerda que me une a mi pueblo natal y que tira de mí. Es una de las maneras en que vuelvo a casa.

¿Cuál es el sentido de la vida sino un amplio acercamiento sin odio y sin resentimiento a los sucesos del pasado? ¿Cuál es, si no hay forma de atravesar puentes construidos con esas palabras que no nos atrevimos a pronunciar? ¿Cuál, si no podemos airear con viento del norte nuestros paisajes interiores que envolvió la bruma?

He necesitado décadas para vomitar ciertas palabras. Gracias a ellas, he acariciado los bordes de mis heridas, he lamido mi dolor, he triturado mis fallos, he puesto al día mis deudas.

¿Tienen sonido las palabras? ¿Tienen melodía? ¿Memoria? ¿Historia? ¿Sexo? ¿Sensualidad? ¿Arrepentimientos? ¿Resonancias de la muerte?

¿Puede la palabra ser un camaleón? ¿Falaz? ¿Enclenque?

Las frases son senderos peligrosos que vamos recorriendo. Al escribir, somos frágiles. Sentimos esa fragilidad. Una fragilidad que nos divide en dos, que nos ha hecho tal cual somos.

No sé si se trata de una mística poderosa o de la fuerza de una mitología y un simbolismo asociados a una geografía concreta, pero siento que los muertos de mi familia me sostienen. Cuando estoy débil, me pellizcan. No sé si, más allá de la materia, las hachas cortaron alguna otra cosa. Me pregunto si la literatura no es, también, eso. Algo que sirve para, cuando todo se hace añicos, con esos trocitos volver a crear desde cero esa parte bella y maravillosa de esta vida.

PASAMOS los años de nuestra juventud despojándonos de la carcasa de la hipocresía. En la vida, teníamos que seguir un patrón establecido, que era la atadura provisional. No había alternativa. No existía. No se consentía. Ni tan siquiera podíamos soñar.

Aquella era una carrera de esprint; no nos sentíamos cómodos en aquel plazo de tiempo de cien metros. La presión era la más ruin aguja del reloj. Había que casarse. Por la iglesia. Tener hijos. Bautizarlos. Era imposible olvidarse del lazo, del colgante con el crucifijo, del orden y de la sumisión. Todo era una apariencia que había que proyectar hacia afuera. Una ficción que atosigaba a las familias.

El cuerpo dejó de ser nuestra cárcel interior más represora cuando empezó a crecernos la barba. El tiempo que pasamos en las cavernas de la soledad y el dolor nos había construido unas escaleras propias, para que pudiéramos dar pasos invisibles. Teníamos que seguir, fuera como fuera. Los interminables monólogos y susurros que compartíamos con nosotros mismos se convirtieron en el mejor confesionario. El más sano, el más íntimo. No había jueces ni censuras. Únicamente el encanto natural de la juventud.

Habíamos empezado a percibir la aceleración de los latidos, el olor químico del sudor, el enrojecimiento de las mejillas, la traviesa mirada que se nos escapaba. A la hora de la ducha, nadie podía saber quién nos gustaba o nos atraía más. La culpa era un viento seco que respirábamos todos los días. Tampoco la imaginería de los santos nos permitía amar libremente. En las primeras relaciones sexuales, nos sentíamos extraños con nuestro propio cuerpo. Yo no podía quitarme de la cabeza todas aquellas imágenes de la iglesia. Aquello fue un castigo y un desprecio sufrido durante años.

La inocencia se convirtió en nuestra más firme religión. Nuestra oración era la libertad, empezar a respetar y amar nuestro ser y nuestro cuerpo tal como llegaron al mundo.

En aquella infancia de los años ochenta en el ámbito rural, la ocultación y la censura eran el culmen de una educación inexistente. No había más que Dios. Castigos. Íbamos a dejar de estar perdidos. De sentirnos solos. De temblar. De sentirnos culpables, extraños. De sentir asco. De sentirnos despreciables.

Había que esperar a que aquellos impulsos íntimos nos alumbraran la senda, pero estaba tan oscuro y las sombras de la intolerancia nos turbaban tanto que tuvimos que ir con antorchas encendidas por nosotros mismos, para hacer temblar a aquella imaginería religiosa. Hoy es el día en que aquellas estatuas producen aún grietas de distintas dimensiones.

EN mi último viaje al pueblo, dejé unas palabras escritas en un *post-it* en el cuaderno de trabajo en el que mi padre apunta los metros cúbicos de madera transportados en el camión.

Luego, mi madre, en una llamada, me dijo que ese pequeño gesto le había hecho mucha ilusión.

Pasado un tiempo, descubrí que dejó pegado mi *post-it* en una hoja en blanco de aquel cuaderno.

EN los años de convulsión y activismo, esparcíamos el ímpetu de la inocencia en aquellos enérgicos gestos y movimientos, en los que éramos portadores de un desvergonzado desacuerdo. Las ideas eran un fluir de sueños empañados, la necesidad de hacer ruido con aquellos pasos. De mostrar que estábamos allí. Que iban a oírnos. Teníamos nuestra forma de ser y sentíamos la necesidad, el imperativo de estar presentes, de romper el cristal de la invisibilidad. De hacerlo añicos.

Agitábamos las banderas. Nuestros cuerpos se convirtieron en campos de batalla; los eslóganes, en frescas trincheras abiertas. Nos daba igual la reacción que pudiéramos provocar en nuestro entorno. Hacíamos nuestro el desasosiego del colectivo, la desvergüenza de nuestro ser.

En aquella época de doble vida y armarios empotrados, se te ocurrió crear el colectivo LGTBI de la zona. Éramos unos pocos. Teníamos claro que, desde la periferia emocional, no era lo mismo sacar adelante la propia vida afectiva en un espacio rural, en este principio de siglo. Se imponía el silencio y el mirar hacia otro lado. El mutismo. La vergüenza. La inquietud. En cierto modo, habíamos venido a molestar. A cambiar de arriba abajo las habituales formas de los rústicos.

Aquel mismo año estuvimos en la cabecera de la manifestación con el lema «Campesino gay, campesina *les*, dispuestos a amar». Nos pareció hermoso. Hermoso y elocuente. Nos vestimos unos pantalones azules de trabajo, camisas blancas y pañuelo de cuadros. No recuerdo si llevamos algún rastrillo, que yo había manejado con muy poco fundamento. Se nos ocurrió también llevar fardos de paja.

La memoria es la mayor traidora a la realidad. Por eso, en literatura, tenemos por costumbre jugar con ella; inevitablemente, amplificar algunos sucesos y eludir los que no nos gustan demasiado. En cierta ocasión leí a Enrique Vila-Matas que es preciso escribir como si tus seres más queridos estuvieran muertos. Dejar a la vista las zonas oscuras del escritor. Eso mismo le dije a mi marido, precisamente ayer, en el Café de la Luz, en el barrio de Malasaña. Una chica que nos pareció un clon de nuestra amiga Inés, se sentó de repente a nuestro lado y nos preguntó si éramos directores de cine. Nos quedamos pasmados. Estaba buscando a alguien para dirigir un cortometraje. Le llamó la atención que yo hubiera hablado en euskera con un camarero que acababa de entrar.

Hace años que no acudo a una manifestación del 28 de junio. La semana del Orgullo LGTBI en Madrid se convierte en una *rave*, una interminable fiesta de borrachos y drogados. Muchas veces hemos hablado sobre los dudosos criterios utilizados para invitar a artistas a los actos del Orgullo, y de sus formas obsoletas.

El revisionismo implica un ejercicio para poner en su merecido centro a las personas olvidadas o que no recordamos. Cuando llevamos aires del mundo rural a aquella manifestación del Orgullo, fuiste tú nuestro altavoz, fuiste tú quien leyó con un ufano nerviosismo el escrito que habíamos preparado juntos en la plaza del Castillo, en Pamplona. Es cierto que durante años he vivido ajeno a los actos y a las dinámicas. Mi desconexión ha sido desmedida. La desintoxicación me era indispensable.

Te debemos un homenaje, Iñaki. Nuestra gratitud. Creo que no voy a encontrar las palabras necesarias para agradecerte que, sin yo darme cuenta y con toda generosidad, hicieras que me acercara a aquel universo propio y libre que me ofrecías; y que me mostraras que podía ser libre.

NO estaba seguro de que la madurez fuera a ser todo esto. Saber decir adiós, plazos que terminan, vecinos que abandonan el barrio, el inevitable deterioro de las personas con enfermedades mentales crónicas a las que atendemos. La muerte.

Hacerse adulto es, también, sentir la meta de la vida más cerca que la salida. Nuestro cuerpo emana diversas carencias y dolores. No caminamos con la misma agilidad. Las resacas duran demasiado. Las prioridades van cambiando, aunque sintamos la misma emoción con los directos de Lorde. En esos días que ando cabizbajo, la canción *Green Light* me ayuda a aliviar mi ser. Todos seguimos alguna luz, aunque no nos demos cuenta. No necesitamos más que una señal, un indicio de que estamos vivos.

No estaba seguro de que la madurez fuera a ser todo esto. El ventilador en el estudio de nuestro piso. Perseguir los sueños, aunque no sé cuáles son. Me cuesta ser preciso, hacer cuentas. ¿Acaso la edad adulta es no tener más alternativa que el alquiler? ¿No poder vivir con cierta dignidad por no tener el sueldo de un contrato fijo? ¿No poder ir a festivales de música, a restaurantes dignos no demasiado caros ni comprar ninguna prenda de la nueva temporada?

Todavía no tengo demasiado claro si hemos seguido el camino preparado para nosotros por la sociedad, o si hemos hecho nuestros todos los rumbos y elecciones. Si somos libres. Si acaso sabemos qué es ser libres. En Madrid, cada vez más, echo de menos algunos atardeceres. Momentos concretos. El sosiego del paisaje. Las carcajadas de los veranos interminables, sin compromisos. Respiramos encadenados al reloj y al despertador y convertimos cada día en una nueva carrera.

No sospechaba que la madurez fuera a ser todo esto. Que acabaría trabajando para una institución religiosa. Las convicciones son máscaras que caen con la delicadeza de la arena que se deshace. El prejuicio es el miedo infinito que nos produce lo que es diferente, lo que nos es desconocido, un temor que intentamos disimular con el envoltorio del desprecio. Los eslóganes se han convertido en globos deshinchados que hay que recoger tras las fiestas de cumpleaños.

La madurez nos aporta una especie de tranquilidad para volver a contar los errores cometidos hasta ahora, para dar otra forma al dolor; nos enseña que lo que nos une es más fuerte que lo que nos hace distintos. Es un horizonte de sosiego y bienestar que nos amplía los sentimientos y la perspectiva, que nos enseña a perdonar a los demás y a nosotros mismos, en el que se determina la inocencia de los momentos que nos esperan para disfrutar con nuestros seres más queridos.

Al fin y al cabo, no somos más que lo que el espejo de la realidad nos devuelve, los restos de lo que hemos sido, el brillo de lo que seremos.

ENTRE las posibilidades que nos ofrece un nuevo día, las más memorables son aquellas acotadas a esos pequeños espacios íntimos que, de repente, dan un giro inesperado a los gestos y respuestas previsibles. Estamos hechos de segundos. De restos y espumas de momentos. Es un instante el que puede transformar un día en declive en una experiencia salvadora. A veces tengo la sensación de estar subido en una noria que no hace paradas. De estar en un parque de atracciones. Una sensación que acrecientan algunos conductores de autobús de Madrid. Su objetivo, más que el bienestar de los viajeros, es hacer el viaje estipulado en el menor tiempo posible.

Un solo ademán puede cambiar la gris insignificancia de un día. Una sonrisa en el metro. Las palabras de algún músico. Unas pocas frases intercambiadas con un lector desconocido. En el metro, tengo verdadera fijación por la lectura. ¡Qué pena me producen los que forran los libros! Hoy, a las siete y media de la mañana, la chica que se ha sentado a mi lado ha hecho un trayecto de ocho estaciones maquillándose. Me causan una gran incomodidad esos que se cortan las uñas en el metro o en el autobús, los que llevan la música muy alta en el móvil o los que van hablando a gritos a primera hora. Menos mal que acostumbro a llevar auriculares.

En ocasiones puedo parecer un señor entrado en años. Si busco la calma del silencio, creo que no he escogido la ciudad más apropiada. Necesito mi espacio. Sé que me cuesta trabajo hablar. Se me hace difícil. Hay reuniones en las que tengo que intentarlo dos o tres veces para tomar la palabra. Ser rápido no es señal de tener razón. El tono estridente en la voz de los demás no logra atenuar la mía. No somos pocos los que, desde la tartamudez, desde la dificultad, conseguimos enhebrar frases.

En algunas paradas, se diría que los viajeros practican el juego de las sillas. A algunos, la rapidez y la agilidad les aseguran un asiento. Ese tipo de dinámicas me pone nervioso. Nunca se me olvidará lo que me contestó una abuela cuando le ofrecí mi asiento. Dijo que yo estaba más cansado que ella, y que siguiera sentado. Una dulce sonrisa puede alegrarte el día.

Me he percatado de cómo, en las grandes urbes, interiorizamos algunos comportamientos o costumbres. El itinerario que hemos de hacer camino del trabajo, por ejemplo. El camino más rápido no tiene por qué ser siempre el más conveniente. A veces, no hay mejor alternativa que ir tranquilamente en autobús, de buena mañana. A menudo, las conexiones entre las líneas del metro son interminables. Colas de gente. Estrés. Hace años que, desde la estación de Noviciado, voy al trabajo sentado, en la línea roja, la segunda. No tengo que preocuparme del coche. Con un libro, o con el Kindle, paso por las estaciones sin darme cuenta.

En verano, es habitual que cierren algunas líneas por obras de mejora en el metro. De vez en cuando, la vida es una improvisación. Cada día. El itinerario entre las estaciones de Sol y Retiro estuvo cerrado durante largos meses. Allí donde surgía un problema, se abría una nueva opción. Aunque tuviera que levantarme más temprano, rodear el parque del Retiro al amanecer no tiene igual. Los reflejos de luz que iban despertando llegaban por entre las ramas de los árboles hasta el cristal del autobús, donde se reflejaba el libro que llevaba entre las manos. Desde el metro no podemos ver este cielo. Desde el autobús veía todos los días a los mismos corredores. Mientras ellos, con su ropa deportiva, movían sus músculos tensionados, yo, aún medio dormido, empezaba a tomarle el pulso al día. De alguna manera, me transmitían su energía. Hay una mujer madura de la que no puedo apartar la mirada, que cada día completa su recorrido con su pelo canoso y sus músculos escuálidos. Avanza vestida de color rosa. Debe de tener más de setenta años.

Imagino que, si no fuera por el trabajo, yo aún seguiría durmiendo. No vería el amanecer de esta manera. Son el empuje y el dinamismo de esa mujer los que la llevan a hacer deporte tan temprano. Yo vuelvo a mi lectura. No acostumbro a apuntar los libros que leo al año. A veces me cuesta recordar si he leído un libro o no. ¡Qué bien que Zuri me ha bajado la aplicación Last FM! Así puedo ver cuáles son las canciones y los autores más populares.

Me encantan las listas. Las puntuaciones. Cuando en el festival de Eurovisión llega ese momento, las orejas se me enrojecen, desde niño. Gracias a la aplicación puedo ver el listado de los álbumes que más veces he escuchado más oídos estos últimos días: *All*, de Yann Tiersen; *Fallen Trees*, de Lubomyr Melnyk, o *Little Moscow*, de Valgeir Sigurðsson. El disco que me ha acompañado este año ha sido *re:member* de Ólafur Arnalds. Mientras reescribo este texto, leo en sus redes sociales que ofrecerá un concierto en directo en Madrid, precisamente en los días que estaremos de vacaciones en Tenerife. Zuri lleva más de un año sin ver a su familia. En los primeros meses de la pandemia, sus padres vinieron de visita a Madrid. Fuimos a Granada a pasar el fin de semana. Entonces no se necesitaba mascarilla. Recuerdo que yo llevaba una camiseta blanca del grupo Viva Belgrado. Aquel cielo azul. Una amplia sonrisa en todas las fotos.

Las promesas no son más que rastros del paso de una gratitud que se nos marchita entre las manos. «Promesas que no valen nada», cantábamos en nuestro último viaje en coche a Murcia, aunque en las fiestas entre amigos poníamos más *El equilibrio es imposible*. En la recopilación de canciones tranquilas que hicimos para el atardecer de la boda, incluimos también *Años 80*. Los Piratas es un grupo que nunca falla.

Me prometí que haría el mismo trayecto que hace el autobús en torno al parque del Retiro, cuando voy camino del trabajo, pero la idea no duró ni una semana. Aunque pasemos el tiempo buscando el otro lado de las cosas, la cotidianeidad es un monstruo que nos zarandea. Somos conscientes de que existen otras perspectivas y opciones, pero la posibilidad de parar el reloj de la rutina nos produce un miedo infinito. Lo que nos es desconocido, lo que todavía no hemos experimentado.

AL TIEMPO que ordenamos nuestra casa, escudriñamos las distintas capas de la vida, hasta el punto de hallar objetos y recuerdos ya olvidados, aunque lleven tiempo en el mismo lugar. Al descubrir ante nuestros ojos gustos, caprichos y elecciones de otra época, encontramos sin querer vestigios del paso del tiempo. Restos de un pasado desperdigados, borrados de la memoria a corto plazo.

Las lecturas no son las mismas, ni la música que escuchamos, ni las camisas y sudaderas que preferimos. En el armario hay abrigos que hace mucho que no nos ponemos. Hemos recibido un mensaje del ropero solidario de la empresa para la que trabajo. Hay personas que no tienen medios para vestirse. Por otro lado, estamos los que acumulamos ropa. Las compras nos tragan; son refuerzos positivos ocasionales, anclas que la baja autoestima necesita. La continua represión que la sociedad del cuerpo ejerce sobre nosotros es algo diario. La imagen es nuestra mayor cárcel. Quienes estamos fuera de algunos de esos moldes no tenemos pase para esa fiesta de la vida. Podemos ser gordos y sanos. Gordos y guapos. Gordos y atractivos. Gordos y punto. Ser gordos es nuestro único territorio libre.

Aunque es un hecho que aumenta la ansiedad, las mudanzas tienen también otra lectura. Es una ocasión propicia para deshacerse de lo acumulado durante años, si bien vivir en el centro de Madrid se ha convertido en un lujo. Los precios del alquiler, desmedidos, suscitan irremediablemente unas cuantas preguntas. No son pocos los que, durante estos últimos años, han abandonado la ciudad. Por ahora podemos seguir viviendo en el centro, así que continuamos disfrutando de las alternativas que esto nos ofrece. Los fines de semana, es un lujo dejar de utilizar el transporte público. Entre semana, una de las cosas que más me fatigan son los viajes en metro y autobús.

A la izquierda del ordenador, tenemos colocados los volúmenes de fotografía y arte. Vicente Ameztoy, Linsey Addario, varios años de publicaciones de World Press Photo, la revista *5W*. A la derecha, algunos libros, lecturas olvidadas, repentinas sorpresas. Lecturas para las vacaciones. Gracias al servicio digital e-biblio de las bibliotecas de la Comunidad de Madrid, puedo leer de ese modo los libros de las editoriales que me gustan, sin dejarme el sueldo en las librerías. El último que me ha acompañado en los trayectos de tren de esta semana ha sido *Canción*, de Eduardo Halfon (Libros del Asteroide, 2020). A mi documento de citas he agregado: «Toda infancia tiene sus puertas de salida». En el trabajo me preguntan cuántos libros tenemos en casa y no sé qué contestar. Los libros son una de las pocas pequeñas colecciones de mis búsquedas y mis pasiones.

«Escribe desde ti mismo, no desde ese lugar que los demás esperan de ti», fueron las palabras de Zuri en uno de esos bloqueos en el proceso de escritura. A veces no sabes hacia dónde dar el paso, hacia dónde dirigir tu camino. Desde dónde hacerlo, hacia dónde. En mi caso, son las memorias, las autobiografías y los dietarios los que más me satisfacen. Con esos rasgos de escritura diaria. Sea una frase, una reflexión, una sensación, una cita. Estamos hechos de muchos pedazos y facetas ajenos. También en la literatura, ese encanto o hábito reside en degustar telas tejidas de distintas formas.

A MENUDO, escribir es una manera de estar conmigo mismo. Me parece una inmejorable oportunidad para dedicarme tiempo a mí y a nadie más, de robar al día minutos y horas que no tengo. Las mañanas del fin de semana, cuando puedo, me levanto antes que Zuri y me pongo a escribir. En este soleado sábado de junio, me propone salir a desayunar. Le digo que he descubierto un grupo de música gallego, Chicharrón. Vuelvo una y otra vez a la oscura y enigmática canción titulada *Videntes namoradas*. La cadencia de la electrónica me lleva, las resonancias, la voz del cantante. Descubro que la letra la escribió Yolanda Castaño. El disco se titula *Unha fogueira intacta*.

Esta vez, interrumpo la escritura para compartir el sábado con mi marido. Ha puesto música de piano en el salón. Está mirando imágenes del fotógrafo español al que le han dado el Pulitzer. Me dice que son muy duras, se le escapan quejidos, algún que otro «joder». El autor es Emilio Morenatti. El abrazo de una pareja de ancianos separados por plásticos es estremecedor, también la de los gestos a ambos lados de un cristal. El número de personas mayores fallecidas sin opción de despedirse ha sido incalculable. El duelo será un peso invisible que cargaremos a la espalda durante años. Ha sido atroz la terrible pandemia que hemos vivido. Los indefensos estamos cada vez más arrinconados. El dolor es un trauma que se silencia. Todo queda adentro, vivimos enroscados en nosotros mismos. Día va, día viene, la tasa de suicidio juvenil está creciendo exponencialmente. No hemos salido mejores de todo esto. No somos aquellos que fuimos. Es imposible que seamos los mismos después de lo que hemos pasado.

EN otros tiempos jugábamos al escondite. A mi madre no le gustaba ir enseñando las bolsas de las compras que hacíamos fuera del valle. A mí me pasaba algo parecido durante los años más duros de mi pubertad. No era capaz de estar tranquilamente en el balcón de nuestro piso. Cualquier mirada me parecía extraña, alguien podía estar cotilleando. A quien le gusta, no le resulta difícil informarse al detalle de las idas y venidas de los vecinos. Los pueblos pueden ser pequeñas cárceles.

Las escenas que se representan en unos determinados metros cuadrados no pueden salirse de un determinado encuadre. Estás limitado a actuar según lo que se espera de ti; si te sales de ahí, empiezan los embrollos, el cuestionamiento, la sentencia del dedo acusador del reino de los prejuicios. Lo mejor es que nadie te sitúe en ningún lado. Si vives más allá de las ideologías limitadas a la repetición de siglas y lemas, y de estéticas planas y restringidas, el censor y corrector puritano que llevas dentro no podrá condicionarte tan fácilmente.

Durante aquella compleja adolescencia, iba todos los viernes a Pamplona con mi madre. Ella les decía a la abuela, a la gente cercana, que iba a hacer ejercicios de fisioterapia. En realidad, iba al psicólogo. Al parecer, en aquella época y en aquel entorno, no se podía revelar que alguien necesitaba la atención de un psicólogo. Que vivía asediado por la fobia social. Muchos días, nada más tomar el desayuno, me ponía a vomitar. Si algún profesor me hacía una pregunta, me echaba a temblar. Tenía en el esternón un nudo que me era imposible soltar. Mi mayor miedo era desarrollar alguna enfermedad mental. Teníamos antecedentes en la familia. Esquizofrenia paranoide. Entonces, los libros me cobijaron. La música *grunge* y *metal*. Vestirme de negro. Los autores europeos traducidos por la editorial Alberdania, en la biblioteca del instituto de Lekaroz. Atrás quedó aquel muchacho alegre e inocente.

A veces, las carencias son bultos provocados por el dolor y la inquietud. Yo era un chaval débil. Sensible. Obeso. Delicado. Inmaduro. Sin darme cuenta, empecé a esforzarme en buscar mi propio mundo interior. Dejé de jugar al fútbol y a la pelota. De todas formas, no era nada bueno. No tenía el físico apropiado. En las clases de Educación Física era el último en encontrar pareja. Necesitaba a mi lado un acompañante de confianza, pero se esfumó, no sentí aquel empuje. Solo distancia. Soledad.

A un compañero, por tener las piernas cruzadas en clase de música, empezaron a llamarlo mariquita. De niño, me hacía mucha ilusión cuando, en verano, íbamos a grandes almacenes como Mamut o Carrefour, a comprar cuadernos, bolígrafos y carpetas nuevas. Hasta aquella etapa de adolescente, siempre había disfrutado como alumno. En bachiller, las cosas cambiaron de manera notoria. Se acabaron las tonterías de algunos. Los que hasta entonces habían estado conmigo en clase optaron por hacer estudios de formación profesional.

Las noches eran una tortura. Las pasaba sudando sin parar; oía todos los tonos del reloj. Los pensamientos se me embrollaban como serpientes venenosas. La ansiedad me provocaba dificultades para respirar. No tenía ninguna ilusión, solo soportar un dolor inmenso. Carecía de recursos para salir de aquella situación.

Fue entonces cuando empecé a coger el autobús de La Baztanesa para ir a Pamplona los sábados, a visitar tiendas de segunda mano, a descubrir nuevos escritores y grupos de música. Mi madre era consciente. Sabía que me sentaba fenomenal, que necesitaba hacer nuevos descubrimientos. En el curso siguiente, más de uno me dijo que tenía pinta de pamplonés. Cuando salía de fiesta, tampoco me tomaban por baztandarra.

De las sesiones con la psicóloga salía con algunos ejercicios para realizar. Una de las primeras cosas que le dije fue que era homosexual. Aquel era un lío que cargaba dentro, una piedra pesada y mortificante en el lugar del corazón. Fue la primera persona con la que hablé de homosexualidad. Recuerdo que me gustaban sus sesiones. Me sirvió de ayuda y fue una etapa necesaria en el camino de búsqueda de una perspectiva, de una vía.

Fui empoderándome. Aquel fue otro de los secretos que compartí durante largos años con mi madre.

AL tiempo que la dinámica de los insultos y los discursos de quienes nos consideraban ridículos iba calando en los estratos de nuestra identidad, comenzamos a desarrollar, mediante un sano ejercicio de ensayo y error, la capacidad de devolver el bumerán que teníamos dentro al lugar de donde había salido. Sacudir nuestra pluma era nuestra sublevación más llamativa. Hacer sentirse incómodos a quienes nos despreciaban y nos marginaban. La desvergüenza era nuestra reivindicación primordial. Nos movíamos con la inconsciencia de la juventud.

No íbamos a volver al punto de partida, a ser iguales que antes.

Algunos guetos crean en su interior otros guetos más pequeños. Una realidad paralela, ajena. La comunidad LGTBI ha necesitado esos espacios para disponer de lugares de encuentro, para bailar y amarse libremente. Es cierto, por otra parte, que las categorizaciones que se hacen dentro del colectivo pueden resultar restrictivas. Con las tribus, me pierdo. Yo, por naturaleza, debería ser un «oso». Pero no tengo necesidad de subrayar mi masculinidad. A veces la barba me aburre y me la rasuro en un momento, para sorpresa de algunos. Las etiquetas son una forma de ordenamiento que nos limita. Lo exclusivo puede ser excluyente. Nunca me han gustado los carnés. Ni el de buen vasco, ni el de homosexual inmejorable, ni tampoco el de poeta místico. No hace falta que nos estén diciendo continuamente qué, cómo, desde dónde, a dónde y hasta dónde debemos o podemos hacer.

Para aquel ignorante adolescente del Baztan que había estudiado en Pamplona, Madrid, al principio, aun sin conocerla, era una ciudad extraña y desagradable. Solo conocía los bares de Chueca, que era un lugar de paso en los viajes a Lisboa. Recuerdo una camiseta con un letrero en el que ponía «Pluma». La discoteca Polana, adonde solíamos acudir cuando me trasladé a la capital. Ponían música pop y canciones de todas las épocas.

Para mí, Madrid es su gente. Sus distintos barrios. La periferia. Republicana, comunitaria. Coplas y bulerías. Es una ciudad que, vengas de donde vengas, te acoge con los brazos abiertos. Los vascos tenemos buena fama aquí. La gente siempre me ha hablado bien de los que ha conocido. Últimamente, cada vez somos más los vascos que vivimos aquí. En el concierto de Olatz Salvador, la sala estaba llena a rebosar. Fue emocionante oír las voces del público cuando cantó *Korapilatzen* («Enredándonos»). Estoy descubriéndole a Iñigo, mi amigo donostiarra y periodista, música vasca nueva y refrescante.

Mi obesidad y mi falta de seguridad amplificaban aquella sensación mía de sentirme fuera de lugar en el ambiente. Era también consecuencia de la cruda realidad en la que vivimos en sociedad. La gente no vive libremente, no ama en libertad. Así que, para muchas personas, los bares gais han sido y serán uno de los pocos lugares para conocer gente y mantener relaciones sexuales. Con los años, he aprendido a sentirme orgulloso de mi gordura. Es parte de mí. Soy así. También podemos ser gordos e interesantes. Gordos y atractivos. Gordos y dignos de ser amados.

Recuerdo que nos gustaba el bar Why Not, en Chueca. Lo frecuentaba gente más madura. Ponían música pop española e internacional. Cierto día, nos negaron la entrada. No entendíamos nada. Con el tiempo, y para nuestro disgusto, comprendimos que no nos dejaron entrar por nuestra gordura. Desde entonces, no hemos vuelto a ir. Afortunadamente, en Chueca hay un bar que es un oasis. El bar Gris. Allí estamos cómodos los góticos, los *indies*, los modernos, los distintos, los «osos», los *grunge*, los nostálgicos, los heterosexuales. Un bar donde, con vídeos en directo, descubrimos muchas canciones que nos eran desconocidas. Principalmente ponen música de los ochenta: glam, *new wave* y *rock*. Lo frívolo y alocado, la vanguardia.

Continuaremos buscando nuevos escondites donde seguir siendo libres, impulsados por emociones, sorpresas y coreografías imposibles que estallan frente a la monotonía y la mediocridad de la vida cotidiana.

A ALGUNOS autores les puede resultar de ayuda tener un plazo o una fecha concreta para entregar un trabajo literario. Hay quien funciona con esa energía de la prisa y la adrenalina. En mi caso, me atrapaban el bloqueo y la inseguridad. El miedo a no llegar. La inercia de la primera vez. Luego todo es más sencillo, más natural. Esa proyección negativa del pensamiento no contribuye en nada.

A mí me ayudó un pequeño fuego que encendió el crítico Jon Kortazar con una sola frase que escribió sobre mi obra *Larremotzetik* («Desde cerca de casa»). Fue un estímulo. Inadvertidamente, me dio una clave. Nada más leer el prólogo de la antología de poetas vascos menores de cuarenta años *El camino y la herida, seis poetas (2010-2019)*, publicada por Balea Zuria, en edición de Jon Kortazar y Paloma Rodríguez-Miñambres, se me ocurrió el primer pensamiento sobre esta obra.

Han pasado bastantes años desde aquel libro narrativo, autobiográfico y fragmentario. Tal como me comentó, acertadamente, el novelista Anjel Lertxundi (ahora no recuerdo cuáles fueron sus palabras concretas, pero sí la idea general), la poeticidad difuminaba el significado de aquellos textos. En cierta ocasión, Isabel Cadenas Cañón, nacida en Basauri, aunque hace mucho que vive en Madrid, me dijo, para mi sorpresa, que ella lo consideraba un libro de poesía. De hecho, comencé a trabajar en mis notas preferidas del dietario que había escrito en castellano en estos últimos años, junto a los de la pandemia, que giraban en torno a la homosexualidad. No fue una simple traducción al euskera. Los fragmentos comenzaron a tomar otro cuerpo. Me di cuenta de que a las líneas iniciales les faltaba fuerza. Partiendo de ahí, empecé a redactar nuevos textos. A combinar reflexiones y vivencias. De una referencia saltaba libremente a un pensamiento. En un diálogo que revelaba mi mundo interior y el mundo exterior.

A veces, ni siquiera yo mismo soy capaz de clasificar mis obras. Lo cierto es que no me gusta ese tipo de catalogación, de categorización. Así que leo a quienes, cuando escriben, se apartan de las típicas novelas canónicas. De ahí que tenga tendencia a la fragmentación. Cuando estoy escribiendo, enseguida empiezo a darme cuenta si me estoy aburriendo o cansando. Admiro de veras a los escritores que pueden pasar horas y horas trabajando, a esos autores de raza. Yo me siento como un infiltrado. Como alguien muy afortunado. Todos los vientos han soplado a mi favor. A veces, son las ilusiones y las pasiones las que nos guían. Una invisible fuerza interior nos abre los caminos, sin que nos percatemos de ello.

Escribir es como encender una linterna. Con su luz, nos ayuda a encontrar palabras y frases que estaban ensombrecidas, a seguir dando pasos, a organizar ese pasado. El vocalista llamado El Hijo da comienzo cantando en el «Radar de Novedades», esa lista que ofrece Spotify todas las semanas. Abel Hernández ha hecho versiones de

Mikel Laboa. La nueva canción de Los Punsetes me hace gracia. Vuelvo a ponerla. La letra me provoca una risa maliciosa: «¿Qué tipo de viejo vas a ser? / ¿Qué final vas a tener? / ¿Vas a dar asco? / ¿Vas a dar risa? / ¿Vas a ir al campo? / ¿Vas a ir a misa?».

Cuando me preguntan por qué escribo, pienso que necesito expresarme y dar forma a la tristeza y el dolor. Es así como expulso mis fantasmas interiores. Me doy cuenta de que es una necesidad, un eco, una oleada que me lleva. No sé a dónde, no sé de qué manera. Probablemente lo hago porque tengo vacíos dentro de mí. Agujeros. Escribo, quizá, intentando llenarlos, aunque hay huecos que nunca se cubrirán, heridas que llevaremos al descubierto. Hay que saber vivir con ellas. Convivir con los fantasmas. Ignoro cuál es el fundamento de todo esto, su porqué. Qué es lo que quiero lograr. Existe la necesidad de una transmisión. De ofrecer una mirada. De gritar a las ausencias. De sentir más cerca los propios quebraderos de cabeza. Sigo adelante con los temas *Zuloan I* y *Zuloan II*, del grupo Zea Mays. Qué gran descubrimiento fue su trabajo *Elektrizitatea* (Gor, 2000), y qué bien ha resistido los embates del tiempo.

Entre los *post-it* que han caído de la pared: «Antes / después de lo sucedido», «Las carpetas que traje a Madrid», «Copia de la sentencia», «Olvido. Silencio. Las cosas rotas», «Marcelino, preguntas», «Muertes de hermanos y hermanas», «Accidentes». Hace seis meses que envié este proyecto narrativo a la editorial y que no tengo noticia. La pandemia ha paralizado muchas actuaciones. Según el día, tengo distintos pensamientos, opuestos, extremos, sobre esa novela titulada *Los vivos y los muertos*. Una y otra vez, me recuerdo a mí mismo que no soy narrador. Se me notan las maneras de poeta.

Necesitamos precisión, así que lo resumimos todo: diálogos, descripciones, vivencias. Detecto una especie de disforia entre lo realmente vivido y las explicaciones que ofrecemos en torno a ello. Inicio una conversación a partir de cierta tartamudez: insegura, tímida. Nos rodean quebraderos de cabeza, frustraciones y traumas, como en una órbita. Escribo porque tengo al silencio como amigo. Porque puedo orar en silencio, si bien no necesito ningún salmo en concreto.

Si este ejercicio de escribir necesitara una ilustración, enseguida se me ocurriría una imagen. Alguien, con las dos manos, sacaría de su boca abierta sogas, cucarachas, residuos de plástico, serpientes, pañuelos, pájaros muertos.

Para poder hablar, nos metemos las manos hasta la garganta, hasta ahogarnos. Queremos buscar a tientas en la profundidad de ese eco, para que el pecho deje de ser nudos de espinos blancos en los que las mariposas vuelan en círculo, para que, con el resplandor de los restos abandonados, despertemos de cualquier pesadilla.

HUBO momentos en los que nos sentimos como aquella vez en la que empezamos la noche en la ciudad y acabamos en las fiestas del pueblo. Para entonces, la música había terminado, y los rayos de luz de la madrugada solo conseguían apagar nuestros ojos brillantes sumergidos en aquel loco viaje nocturno interminable. Mientras nosotros llegábamos, la gente ya había vuelto a su casa. Nos entretuvimos por el camino. Como tantas veces, se nos hizo tarde.

Llegamos con retraso a la celebración de la vida. Nos costó sentirnos cómodos y orgullosos con todos los rasgos que completaban nuestra identidad. Con nuestros cuerpos. Con nuestra forma de ser. Con nuestra manera de hablar y de actuar. La autocensura es la más terrible herida vital.

En nuestra adolescencia, éramos una forma borrosa, un bulto de carne guiado por torpes giros. Éramos presos de nuestras cárceles interiores. Por tanto, nos sentimos fuera de lugar en cualquier evento. No teníamos sitio en aquel mapa de actos, en la coreografía de elementos prevista.

Nadie nos invitó a aquella fotografía general de la vida. Y, si así hubiera sido, habríamos aparecido en una esquina, con el ceño fruncido. Provocábamos rechazo, no estábamos cómodos ante aquella imagen de apariencia e hipocresía. No teníamos nada que celebrar. Nos sentíamos fuera en todas partes.

La ignorancia engendra desprecio. Y el desasosiego te hace desaparecer de esas interacciones cotidianas. Como si no estuvieras. Como si, para saber de ti, preguntaran a alguien que está a tu lado. Desde muy jóvenes hemos aprendido a ser una sombra. Como si fuéramos algo que quisieran borrar de la vida. Así pues, es la soledad la que nos ha conformado. La extrañeza. Un sentimiento de periferia respecto a nuestro cuerpo y nuestro entorno. No hemos sido el epicentro de la convivencia, el alma gloriosa de los grupos sociales. Hemos permanecido callados. Mudos. Por si acaso.

Fue en la ciudad donde empecé a sentirme libre, lejos de las miradas acusadoras. En el pueblo, yo no era la misma persona. Cuando veíamos el cartel con el nombre del lugar, bajábamos el volumen de la música que íbamos escuchando, y la liviandad y la alegría de nuestros rostros empezaban a cambiar. La rigidez fue uno de los lados oscuros de aquella cárcel. La rigidez y la seriedad. La introversión. Así que no dábamos ninguna oportunidad ni a la gente cercana más acogedora. El ambiente te moldea. Te limita. En cierta manera, te oprime. Y no me refiero al entorno familiar.

La última vez que nos acercamos allí, estuvimos viendo en la televisión el *Drag Race* España. Seguro que mi padre nunca había visto antes un espectáculo *drag*. En otra ocasión en que fuimos con unos amigos, vio el festival de

Eurovisión de principio a fin. A Pedro estuvo sirviéndole vino sin parar. Ayer mismo, junto a mi suegra, vimos un documental sobre las torturas y asesinatos sufridos por el colectivo LGTBI en Chechenia. «Cómo puede el ser humano ser tan ruin y tan mezquino», fue una de sus reflexiones. También disfrutamos y nos emocionamos con el programa *We're here*, de HBO, en el que realizan espectáculos *drag* en las zonas rurales de Estados Unidos, en los pueblos y regiones más intolerantes y fundamentalistas.

Hubo épocas en las que me sentí ajeno a esa representación. Hace años, por otra parte —sea por madurez, por esfuerzo, por energía o distancia—, que camino con una fuerza más firme, con otra ligereza. Nunca olvidaré lo que me dijo Joxelu hace un montón de años: que mi pensamiento y mi cuerpo no encajaban. La articulación entre mis ideas y mis músculos. Estaba encerrado en una caja. En aquel retraimiento en mí mismo. Yo mismo era la más grande de mis cárceles.

Hay muros que no podremos derribar. Pero nuestra dignidad nunca estará a la venta. El brillo de estos ojos. No volverán a encerrarnos en armarios polvorientos con olor a cerrado, ni a propagar visiones en blanco y negro.

DEBEMOS caminar como si fuéramos creando una estela de vestigios.

El movimiento genera una telaraña, una red invisible que, después de los años, nos hace regresar a esos lugares.

Los cuerpos son, también, el resplandor de las ilusiones. Un fugaz guiño de luz que inclinamos sobre la tierra, pilar de la memoria entre lugares del pasado y gentes que encontramos.

El cuerpo dibuja el mapa de los hábitats. El movimiento de la secuencia del tiempo que se fue. La piel es, también, la transpiración de los territorios.

El cuerpo nos recuerda la primera amenaza del miedo. El confeti de la infinita alegría que estalla en su interior.

El cuerpo es materia que viene y va. Materia y memoria. Memoria y movimiento. Luz y reflejo. Sombra y rumor.

El cuerpo es camino, es efímero. El cuerpo es señal. Faro luminiscente en el movimiento de las noches más oscuras, el territorio del encuentro, la meseta del sosiego.

El cuerpo es un universo que nos dedicamos a paladear. Sensibilidad y brutalidad. Choque de energías. Ebullición desacompasada de las esencias de los animales más recónditos.

No somos solamente un terreno repleto de sabiduría y de memoria. Somos trinchera. Las murallas las llevamos dentro. Los enredos. Los pozos del silencio. Los meandros de la complicidad. Los agujeros del arrepentimiento. Las fracturas del odio.

Seguimos andando porque no tememos que, al caminar, el polvo haga desaparecer las huellas de nuestros pasos.

Continuamos caminando porque siempre nos espera algún nuevo paisaje, su más íntima mirada, proyección de lo que fluye de nosotros.

EL día que a Samuel Luiz, un joven de veinticuatro años, lo matan a golpes en A Coruña durante una persecución de ciento cincuenta metros con insultos como «maricón», nosotros acabamos de llegar a Tenerife. Cuando, en este cielo isleño, el avión atraviesa una turbulencia, Zuri me mira inmediatamente, porque sabe que me pongo nervioso en esas situaciones. Me acurruco. Creo que en unos segundos vamos a tener un accidente y a morir. Pienso qué haría. Qué sentiría. Le hago reír; lo primero que le digo tras ese apocamiento es que también podemos ir a comer esas arepas que tanto nos gustan. Me contesta que él ha pensado lo mismo hace cinco minutos. El que dos cuerpos y dos mentes estén tan cerca provoca ese tipo de conexiones. Nos basta una sola mirada para hablar.

El padre de Samuel Luiz pide que no se politice su muerte, que no se porten banderas del arco iris en las manifestaciones. Solicita que se envíen alimentos a la Cruz Roja, ya que su hijo colaboraba en la institución. Samuel no se atrevió a decirle a su padre que era homosexual, no se sintió seguro para compartir su intimidad. Pide que se respete el duelo de la familia. Algo imprescindible. Respeto. Duelo. Familia. Dado que el padre de Samuel es diácono del movimiento Congregación Cristiana, su hijo tocaba la flauta en los oficios religiosos y ayudaba en la lectura de pasajes bíblicos. Aquel joven que mostraba una bondad infinita fue asesinado por un salvajismo irracional, desmedido. Mientras un grupo de bestias salvajes lo mataba, él pedía, por favor, que lo dejaran tranquilo. Los agresores ¿se quedarían a gusto con los golpes que le asestaron durante ciento cincuenta metros? ¿Satisfechos? ¿Orgullosos?

Este asesinato homófobo ha puesto, en este 2021, varios temas encima de la mesa. Los improperios previos al crimen no pueden subestimarse. «Maricón, te vamos a matar», le gritaron. Ante este cruel suceso, que saca a la luz la homofobia latente, algunos intentan blanquear formas de actuar que siguen provocando muertes. A través de las rendijas de los aparatos caducos y retrógrados del Estado, los discursos del odio aún encuentran argumentos para justificarse, así como cierta protección e impunidad.

Estos días hemos visto carteles del tipo «No salimos del armario para que nos metáis en ataúdes». Zuri y yo estábamos dispuestos a salir a la calle también en Santa Cruz de Tenerife, pero en esta isla la diferencia horaria no es solo de una hora, sino de todo un día. En ese tipo de detalles se revela que las manifestaciones LGTBI no son habituales aquí, que cuesta salir de ese corsé. Parece que, mientras persista esa masculinidad que se define por los tatuajes, el fútbol y los bañadores cortos y estrechos, los sentimientos y afectividades de algunos seguirán escondidos en el armario.

Después de unos días, nos acercamos hasta un hotel del sur de la isla. La piscina está llena de alemanes de edad avanzada. Me doy cuenta de que no estoy cómodo en ese ambiente. Zuri se me acerca y me abraza. Me pregunta qué me pasa. Le respondo que nada, pero al cabo de unos minutos hallo en mi interior la respuesta, lo que me perturba, mientras sujeto entre mis manos el excelente libro de relatos *Antártida*, de la escritora irlandesa Claire Keegan. Fue la editorial argentina Eterna Cadencia Editora la que publicó hace unos años los memorables cuentos de la irlandesa.

No soy libre porque no estoy tranquilo. Temo que un gesto mío de amor provoque alguna reacción, a estas alturas. Es triste. Muy triste. Por la tarde vemos también algunas parejas LGTBI, bañándose. Lo que me llama la atención es que he visto a jóvenes parejas heterosexuales abrazándose y besándose, con toda libertad. Las homosexuales, en cambio, no muestran ninguna afectividad. Puede hacerse una lectura de eso. O más de una. Por eso comprendo, aunque no me gusten, los destinos turísticos especiales del colectivo. Sitges, Maspalomas. Todavía necesitamos espacios en los que nos podamos sentir libres y cómodos. Los Países que nos condenan a pena de muerte no pueden contarse con los dedos de las manos. Tenemos claro a qué países no viajaremos, qué territorios no pisaremos.

Hace unos meses, prendieron fuego y asesinaron en su casa a un joven de veintinueve años. Era activista de derechos LGTBI en Letonia. Normunds Kinzulis se mudaba de casa continuamente. Pero eso no fue suficiente.

Lo asesinaron, y quedó quemado el ochenta y cinco por ciento de su cuerpo.

¿Por qué ese odio? ¿Por qué el desprecio? ¿Por qué la exclusión? Un Dios nunca será más fuerte que el amor. Ese Dios acogedor que también a nosotros nos ama debería aparecer por algún lado.

A MENUDO, los gestos más profundos siguen en pie durante años, décadas, en los baúles de la memoria o en la extinción derivada de su olvido, como si algunos acontecimientos no hubieran tenido lugar.

Me envía mi madre la foto de una postal escrita por mi padre. Mi nombre aparece escrito en letras mayúsculas, tras un «Srto.». En el texto alterna mayúsculas y minúsculas. En la foto puede leerse: «Maison du pêcheur sur la rivière en Kerdruc». Es de la época en que trabajó en Bretaña.

En la medida en que la literatura es un ejercicio de reescritura de la realidad, dar con estos guiños y expresiones nos ofrece una perspectiva distinta:

ASiEr CoN eL mAyoR cAriño Te ManDo esTa PosTal

TaL coMo Te gustA El mAr Los ÁrBoLes lAs FloReS La CaSa

Te MaNdo Mil beSos AdióS mI CHaval

HasTa pRonTo

PaTxI LaRRetXea.

Durante años he buscado gestos de amor de mi padre, tal como él me los mostró años atrás, si bien el tiempo y la distancia los desbarató. Él estaba esperando que mi madre los volviera a encontrar entre papeles y restos.

ZURI me reprocha una y otra vez que, en todos estos años, nunca le he dado la mano cuando vamos juntos por la calle. Que, socialmente, mis manifestaciones emocionales son escasas, simbólicas, un poco forzadas. En alguna ocasión, después de unas cervezas y *gin-tonics*, ha aprovechado la situación y me ha cogido del brazo en plena calle. No puedo evitar mirar alrededor, sentir miedo de encontrarnos con algún peligro.

Uno de mis argumentos ha sido que, si durante todos estos años no he mostrado mi amor en sociedad, ha sido por mi esencia tan norteña. Más que por ocultar mi homosexualidad, por mi carácter serio y hermético.

Mientras he estado enfrascado en este libro, he tenido ocasión de reflexionar sobre estos temas, pensando que una homofobia interiorizada ha podido tener en mí una influencia mayor de lo que yo creía. No sé si es por mis vivencias o por mi talante miedoso. Nunca he tenido inconveniente en hacer visible mi sexualidad y en estar presente en los espacios y encuentros en los que era preciso.

Es cierto, por otra parte, aunque parezca lo contrario (las lecturas de poemas son ejemplo de ello), no me gusta ser el epicentro de la atención. Me sucede en las *performances* que hago con mis padres o con mi marido. En cuanto termina el espectáculo, intento huir del lugar donde estoy, como si me arrepintiera de la desnudez mostrada por mi cuerpo y mi presencia.

Recibo con gratitud las impresiones del público. Me gusta esa interacción, saber qué recuerdo o sentimiento se ha activado en ellos. Mi padre disfruta de otro modo con las alabanzas del público. Se inflama. Goza con esas muestras de admiración. Yo, en cambio, disfruto viéndolo tan feliz y emocionado después de esas limpiezas emocionales que hacemos los miembros de la familia.

La disponibilidad, tanto de mi padre como de mi madre, es completa. Nunca me han contestado con una negativa. Hemos corrido de ciudad en ciudad, de plaza en plaza, mostrando la representación de una familia que se reencuentra. Piedra, sudor, hacha, sonido, ¡atención!, ¡arriba!, ¡vamos!, nueces, acordes, melodías electrónicas minimalistas, poemas que hablan de los embrollos y visiones de ese pasado cercano.

En el club de lectura sobre el realismo sucio en el que al principio participaba en Madrid, en Lavapiés o en Malasaña, me sentí extraño y distante. Me desvanecía. Desaparecía. Cuando la gente se me acerca, no suelo estar muy inspirado. Las pocas respuestas o preguntas de las que dispongo están en mis poemas y mis escritos. Fuera de eso, apenas tengo nada interesante que ofrecer. ¿Tiene el escritor, más allá de los libros, algún discurso o frase que pueda resultar interesante? ¿Así debe ser? ¿Hay que exigírselo?

Soy mal actor, en serio. Mi cara es un mapa evidente de lo que siento. Al momento puede adivinarse si estoy a gusto, incómodo o aburrido. Aunque parezca paradójico, a menudo los aplausos no me levantan el ánimo. En aquellos primeros tiempos de Madrid, después de leer en los bares de Lavapiés junto a otros poetas, volvía a casa con una tableta de chocolate. Vacío, triste.

En la literatura, como en la vida, son las decisiones tomadas las que te llevan al lugar en el que estás. En la literatura, como en la vida, aprender a decir que no a tiempo en ciertas ocasiones te evitará llegar a lugares o situaciones que luego te hagan arrepentirte. En la literatura, como en la vida, a menudo, saber decir que no es más conveniente que decir sí. Más que la presencia, la ausencia.

¡CÓMO se le ilumina la cara a mi padre cuando me sostiene sobre el tronco! Ambos llevábamos jerséis de algodón. Su perfil es más rígido que el mío. Mis mejillas reflejan el rubor de aquellos atardeceres. Ver cómo su hijo de seis años levanta por primera vez una pequeña hacha suscita su alegría.

Con la mano derecha, mantiene firme mi muslo izquierdo. Con la otra, me señala el cielo, como si quisiera indicarme los nombres de las constelaciones, que ni siquiera en las noches más oscuras necesitó conocer para orientarse. Su dedo es una flecha directa hasta el horizonte.

Con el pasar de los años aprendí que, para seguir cortando el tronco, había que cambiar de hacha. La que se usaba para cortar astillas grandes era más afilada. La tajadura era siempre más profunda. El cambio de hacha se realizaba siempre cuando la incisión en la madera iba cerrándose, mientras la arquitectura de los hachazos buscaba el corazón de la materia. El equilibrio sobre el tronco era fundamental. Los dos lados del corte se encontraban siempre.

Igual que en la vida, si nos enfrascamos estrictamente en una única vertiente de un pensamiento o de una concepción, nunca entenderemos la otra. Si deseamos que haya un encuentro, debemos facilitar un giro y un acercamiento de las partes.

Mi padre y yo hemos vivido así durante años. Cada uno concentrado en sus propios golpes interiores. Cada cual atizando sus golpes cerrados.

Los dos, incapaces de llegar a esa otra parte de la madera. Extraviados a causa de nuestra propia bruma, no hemos sabido partir por la mitad ese nudo de madera seca de nuestro interior.

Los hachazos de cada uno han dado lugar a diferentes melodías en esos bosques interiores de nuestro pasado.

Everything That Rises

SUFJAN STEVENS

Este libro
se terminó de imprimir
el 14 de septiembre de 2025,
por encargo de la editorial
ALBERDANIA.
Ese día del año 1920
nació el escritor Mario Benedetti.